解启健 著

创新教育文库

主编／杨钋

16位同学，
谁能活出自我？

SELF-AUTHORSHIP DEVELOPMENT,
STORIES OF
THE 16 STUDENTS

社会科学文献出版社
SOCIAL SCIENCES ACADEMIC PRESS (CHINA)

"创新教育文库"编委会

为了教育的创新

周虽旧邦，其命维新。

《诗经·大雅·文王》

创新是高质量教育发展的立足点和目标。党的二十大报告提出，必须坚持科技是第一生产力、人才是第一资源、创新是第一动力，深入实施科教兴国战略、人才强国战略、创新驱动发展战略。创新是社会发展的驱动力，教育领域的创新是全社会创新的新动能来源。

教育创新的社会价值高，形式多元。在我国当前的语境中，教育创新是教育供给侧改革的驱动力，可以不断开辟发展新领域、新赛道，不断塑造发展新动能、新优势。根据开放式创新理论，网络共生创新包含内部合作、消费者合作、价值网络合作、开放式合作和生态合作等五个层次，可以支持丰富、复杂和多元化的教育创新。教育创新的核心在于价值的创造，既可以采用持续创新的方式，以教育领域已经得到业界认可的方式来创新教育服务供给方式；又可以采用颠覆创新的方式，引入新的教育产品或服务以创造新的教育需求。

当前社会缺乏普遍认可的教育创新。过去数十年来，国际组织、政府和非政府组织积极支持教育领域创新，拉美国家的"新学校运动"、我国农村地区的"一村一幼"等获得了多项国际大奖。然而，为何具有巨大社会和公共价值的教育创新并不多见？这可能与教育创新的理念、策略和支持方式有关，这三者分别对应颠覆式创新理论缔造者克里斯坦森提出的创新三要素——价值观、流程和资源。

首先，教育创新的价值观需要获得社会认可。国家公共教育体系的目标是满足社会的基本公共教育服务需求。20世纪以来，学校教育承载了越来越多的社会职能，从提供公共教育，到提高地区和国家的竞争力，再到消除贫困、促进社会公平和实现可持续发展。教育创新只有能够帮助学校和其他教育组织有效地承担新社会职能的创新，才有机会获得社会层面的认知合法性。

其次，教育创新需要符合公认的具有规制合法性的教育流程。与其他组织不同，公共教育体系内部存在行业垄断，新的供给和消费模式很难在较高的行业壁垒下出现。在教育领域中，创新可以在产业链的各个环节以及在学校、教育系统和社会等层面出现，但多数创新出现在公共教育供给尚未全面覆盖的群体、地区和服务领域之中。

最后，教育创新需要资源的支持。创新需要新的观点、新的客户、新的供给者和新资源的支持。除了采用新的观点来思考公共教育服务需要解决的问题，教育创新还需要获得用于解决问题的资源，包括教师、设备设施、经费等有形资源，也包括课程、信息、声誉等无形资源。成功的创新能够充分调动政府与社会资源。

更多教育创新的出现需要学术研究的支持。近年来，创新理论被广泛应用于指导教育领域的创新以及对教育创新的研究。教育经济学、教育管理学、教育学原理、教育技术等领域的博士研究生已经对我国丰富的教育创新实践进行了大量研究。"创新教育文库"所收录的优秀博士学位论文，敏锐地识别出教育领域的创新性组织、创新性学习方式和教育组织的创新性功能，并综合应用组织学、管理学、经济学和教育学等多学科理论，对教育创新的价值观、流程和资源进行了分析。这些研究虽然来自教育研究领域，它们不约而同地与开放式创新理论进行了对话，凸显了通过实践共同体进行创新的重要性和巨大潜力，拓展了教育创新研究的新方向。

教育创新研究的推进离不开学术共同体的发展，具有集合影响力的文库可以有效促进学术共同体的形成。我国不同历史时期出版了不少具有创新性的教育文库，如民国时期的"新中学文库"和"国民教育文库"。这些文库激发了社会对教育历史和实践中创新的关注，形成了有价值的系列研究成果。"创新教育文库"旨在继承和发扬文库在知识创新和知识共享方面的优势，以发掘和推荐对教育领域的创新性组织、创新性学习方式和教育组织的创新性功能的研究为己任，致力于支持我国的教育创新研究和教育事业的高质量创新发展。

编委会倾力谋划，经学界通人擘画，终以此文库呈现于读者面前。文库草创，难免有不成熟之处，诚盼专家学者和广大读者共襄助之。

杨 钋

北京大学教育学院教育经济与管理系主任

2023 年 6 月于燕园

自我发展首先是个体意义上的。因此正在探索自我发展的学生，尤其是大学生和高中生，应该是本书的第一读者。当沉浸在本书精选的 16 位大学生自我发展鲜活案例里，你或许会因为发现其中自我成长的影子而产生共鸣，你或许会因为案例中的某些情境而受到触动，从而真正理解自我发展的内在机制，刺激你重新审视自我发展的现状和未来的方向。

谁不想活出自我？你能活出自我吗？

自我发展一定是教育意义上的，因此所有关心学生发展的教育工作者，本书是写给您的。不管您是基础教育还是高等教育阶段的教师或校长，期待这 16 位学生的成长故事对您产生启示，把您引入学生自我发展的内在机制和规律中，并从别样视角体悟人民教师在学生个体成长中的独特价值。

自我发展也是家庭教育意义上的。作为与孩子有着血缘关系的特殊人物，家长及其教育模式对每个孩子自我成长的影响是深远的。在应试教育的"指挥棒"下，您是被动裹挟其中，还是主动推波助澜，或是运用高超的智慧来保护孩子自我发展的物理、心理和文化空间？本书中的 16 个学生案例就像一面镜子反射出家庭教育对学生自我发展的影响，希望您从中得到启示。

　　个体的自我发展最终会影响群体的自我发展，因此自我发展在宏观层面，一定是政治、经济、社会和文化意义上的重大事项。我们教育的现实"内卷"，消耗了太多个体和家庭的幸福与潜能；我们教育中过分强调对学生的规训，牺牲了对学生自我发展的探索和驱动力的培养，牺牲了学生的创新意识、能力和行为习惯；我们教育中对应试的服从，让本该青春洋溢的学生演变成了机械的应试工具；我们教育中强化课本知识的灌输，让德智体美劳"五育"宗旨出现了严重的失衡，进而演化成身心健康不达标的学生比例高和学生社会化发展滞后等严重社会问题。重要的是，很多问题一旦形成便不可逆转。然而当我们在"窝里卷"的时候，作为独立个体的我们，往往会忽略更广范围的生存和竞争环境，那就是中华民族需要在世界竞争格局中生存和胜出。当我们看到中国在国际竞争中被"卡脖子"、被"脱钩断链"时，生存的本能让我们在激烈的竞争环境中惊醒，我们需尽快全面摆脱我国培养拔尖创新人才所面临的困境。如果要扭转这种被动局面，我们必须回归到每个学生个体自我发展的问题上。然而教育的"内卷"、应试教育"驱逐"素质教育的现实困境非个体所能够扭转，急需全社会的参与。

　　期待与您共鸣，并行动起来。

CONTENTS 目录

第三章
自我主导的多元样态

第四章
多元样态的形塑解读

第五章
教育建议及研究展望

第一章

谁让孩子开不了口?

一　故事: 谁让孩子开不了口?

在见这个家庭之前,我从辅导员那里得知:这次家庭会谈是由家长发起的,孩子本人不愿意来见心理咨询师。

当我走进咨询室时,发现一家三口都来了,22 岁的大学生看上去更像是一位高中生,稚嫩而瘦小。妈妈看到我进来,非常热情地站起来打招呼,父亲则显得很"旁观"。

妈妈让儿子先说说自己的情况,孩子则表示没什么好说的。

于是妈妈告诉我:"孩子本该读大四了,但现在还在读大二……他不愿意跟我们多说,我们也问不出个啥,不知道他心里是怎么想的……"讲到此处,妈妈已是泣不成声,爸爸在一旁深深叹气。

这位男孩告诉我:"我也不确定要不要来咨询,因为我不太愿意与人交流……我们家的沟通是这样的:爸爸总是简单粗暴地说出我的问题就结束了;妈妈很能说,会一直说个不停,于是……我也就不想说什么了。"

此时,男孩落下了眼泪,妈妈看到儿子哭,眼泪也止不住地往下流……

在咨询过程中，我能感受到那位"很能说"的妈妈心中最大的痛——她的孩子不愿意和她敞开心扉。"老师，我们现在根本不知道孩子是怎么想的，他什么也不说！我们希望可以通过这次机会，了解孩子心里到底想些什么。"

在那么强烈地想要了解孩子内心想法的背后，我能感受到这位母亲的焦虑、挣扎、无奈和痛苦。在咨询中，妈妈会用无比深情、渴望的眼神看着自己的孩子，希望能够紧紧"抓住"自己的孩子，而孩子却极力避开与她的眼神接触，妈妈因此一脸的难过和悲伤。

我引导孩子："你说一说，希望父母做什么改变。"

孩子沉默了一会儿，低声却坚定地说："我想他们离我远一些，别管我那么多。"

我说："我明白你说什么，但是我不知道你的父母有没有明白，你可以更清楚地告诉他们吗？"

孩子说："大学鼓励我们成为年轻的成年人，希望我们学会独立自主，我已经是成年人了，不用什么事都盯着我，我需要有自己的空间，而且每次我一说话，你们就把话语权抢过去，把话题扯得很远，然后还说，你怎么不说话……"

妈妈眼泪又一次止不住地往下流，但用一种执着的语气说："我怎么能不管他呢？他从小就是缺乏自控力的人，而且又内向，如果不是我……"

妈妈一直絮絮叨叨，我看到男孩把头低得更沉了，全身透着一股沮丧、无力感……

二 控制与挣脱的冲突，新旧文化的张力

这是西交利物浦大学①（以下简称"西浦"）一位心理咨询老师的咨询报告的部分内容。这个故事主要描绘了一个家庭咨询的场景，表现出父母想要"控制"与孩子想要"挣脱"之间的冲突。

从个体发展层面来看，大学之前，学生的自我发展主要被父母权威、教师权威定义，尤其是传统的中国家庭往往以"爱的名义"束缚孩子的自我发展，个体没有足够的时间和空间倾听"内在的声音"。到了大学阶段，个体与家庭的物理距离得以拉开，这使得个体有时间和空间开始更多地思考"我是谁""我想要成为怎样的人"等命题，想要努力摆脱原来家庭和学校给自己带来的束缚，倾听"内在的声音"，主导自我的人生，成为独立的"成年人"。这时候，如果个体的家庭仍然不能放手，没有调整为支持"独立自我"发展的教养方式，就容易与个体的内在需要相冲突，个体就会面临马格达（B.Magolda，2008）所说的"十字路口"阶段的挑战，即自我发展要根据自己的兴趣和需要做计划，开始不满意他人对自我进行定义，意识到需要建立自我的感知。

从文化环境层面来看，西浦是一所中外合作大学，在学校管理、教育模式等方面具有鲜明的独特性，以学生发展为根本，以学生兴趣为导向，强调学生的自我发展，这一植入文化（Enbeded Culture）与传统意义上的中国大陆教育模式尤其是高中阶段的应试教育模式相比，为个体自我

① 西交利物浦大学（Xi'an Jiaotong-Liverpool University, XJTLU）是经中国教育部批准、由西安交通大学和英国利物浦大学合作创立的具有独立法人资格和鲜明特色的新型国际大学，是中国目前规模最大的中外合作大学，以理工管起步，强强合作，拥有中华人民共和国学士学位和英国利物浦大学学位授予权。

发展提供了更好的空间。但由于个体在沉浸文化（Immersed Culture）环境中，多受外部权威（父母、教师）的安排，自我决策和自我管理能力相对较弱，自我主导水平较低，个体在进入西浦后，能否顺利适应植入文化仍未可知。

因此，协调处理这种植入文化与沉浸文化的冲突成为个体进入大学阶段面临的重要挑战。这种客观存在的冲突对学生自身及其家庭都提出了新的要求。对于学生的家庭而言，需要适应新环境的要求，调整其家庭教育模式以及亲子关系；对于学生而言，他／她需要在这种"失衡"中重新建立"平衡"，实现其自我发展。

三 独特性还是普遍性？

这些现象及现象背后反映的问题是西浦和西浦学生独有的吗？在与其他中外合作办学高校以及体制内高校的同行进行交流时，我们发现这种现象具有一定的普遍性。我们的深刻共鸣是：当下的学生发展工作不好做，总结起来主要体现在以下几个方面。

（1）学生自我驱动力低，就是大家常听说的大学生的"空心病"，既不清楚奋斗的方向，也不知道为什么要努力。

（2）学习方式方法有待转变，未能及时从基础教育阶段的被动学习和"刷题"行为转变为主动学习和研究导向的学习行为。

（3）学生的独立自主能力弱，处理学习和生活中的具体问题的能力和经验不足。

（4）学生的自我管理能力较弱，在时间管理、情绪管理等方面表现欠佳。

（5）学生的身心健康水平堪忧，出现的应急事件比较多。

（6）学生的社会化发展滞后，在处理问题时难以顾及整体情境，容易以自我为中心，忽视他人视角等。

不难发现，对这些问题本质的理解，需要归源于对学生自我发展的探究。

第二章

从自我走向自我主导

从最基本的意义来说，教育第一问是"人是什么？"教育的根本是人的发展。教育学家和心理学家对人的自我发展给予了极大的关注。那么自我到底是如何被定义的？自我发展的内在机制是什么？本书关注的核心概念"自我主导力"又是如何发展的？

一 关于自我

自我也称"自我概念""自我意识"。两千多年前，苏格拉底（Socrates）就提出了"认识你自己"的命题。格根（K. J. Gergen）认为"自我在社会心理学乃至整个心理学中都是十分重要的概念"。

威廉·詹姆士（W. James）首先在心理学界系统提出自我概念，并指出自我的二元性，即"主我"（I）和"宾我"（me）。其中，主我是主动的自我、进行中的意识流；宾我是作为思维对象的自我，它包括一个人所拥有的关于他自己的所有知识与信念。詹姆士对自我的研究犹如"星星之火"在心理学领域引发"燎原之势"。

如果说心理学的任务是"认识自己"，那么心理分析就是在认识自己后使个体能够"成为自己"。弗洛伊德（Freud）对"自我"概念进行了新的阐述，将其分为本我（Id）、自我（Self）和超我（Superego）三部分，本我是个体的生物性本能，自我是个体的理性部分，超我则是个体内化了的社会道德原则。其中，"自我"是人格的执行者，它协调本我、自我和超我三者之间的关系，如果"自我"力量不够强大，就可能导致三者的失调或心理疾病。

新精神分析派的代表人物埃里克森（Erikson）对自我概念进行了更进一步的发展——人格发展八阶段论。该理论认为人的一生要经历一系列自我同一性的危机。对危机的积极解决有助于自我力量的增强以及个体对环境的适应。从青春年少进入大学阶段是个体自我发展发生重大转变的时期，能够确定自我同一性会对未来自我的成长产生重大影响。

卡尔·荣格（Jung）提出了自性化（Individuation）的概念，即自性的实现（Self-Realization）。"自性化"是表达一个人最终成为其自己，成为一种整合或完整的但又不同于他人的发展过程。通过意识中的自我和无意识中的阴影与阿尼玛（Anima，男性心灵中的女性意象）或阿尼玛斯（Animus，女性心灵中的男性意象）融合让自性实现、心灵成长。因此，自性化意味着人格的完善与发展，意味着接纳与集体的关系，意味着实现自己的独特性（申荷永，2015）。

与此同时，社会心理学派对自我概念提出了新的视角。库利（Cooley）的镜像自我理论认为，自我实际上是"社会我"，个体通过与他人互动产生自我认识，强调自我的社会性；符号相互作用论的代表人物米德（Mead）继承和发展了库利的观点，提出"一般化他人"（The Generalized Other）的相关概念，指出自我来源于社会互动，影响自我的有概化他人和重要他人两类。在库利和米德的影响下，沙利文（Sullivan）的人际关系学说强调自我发展的社会与人际关系基础，自我发展来自与他人接触的体验以及对他人评价的反馈性感受。总之，社会心理学家强调自我是社会的产物，需要在与社会互动中汲取经验，反馈信息。

以罗杰斯（Rogers）为代表的人本主义者对詹姆士和米德的经验自我和纯粹自我的概念进行整合，把"自我概念"发展为其人格理论的核心。罗杰斯认为自我概念是习得的，可分为现实自我（the Self）与理想自我（the Ideal Self）。前者是"我认为我是什么人"，后者是"我希望我是什么人"。当两者一致时，就"成为一个人"或"成为自己"。但任何一种自我概念出现偏差或自我概念不明确则会引发心理问题（珀文，2001）。这种观点指出了具有明确的自我概念的重要性，为解决心理问题提供了一个切入点。

1967年，奈瑟（U. Neisser）的《认知心理学》标志着当代认知心理学正式问世，为自我的研究开辟了新途径。马科斯（H. Markus）提出"自我图式"（Self-Schema）理论，认为自我图式是自我概念的构成要素，是个体对自己某些具体能力与特征的认知，由它组织并引导与自我有关的信息的加工（Jerry，2002）。马科斯还认为可能的自我以具体的目标形式对我们产生激励，包括我们想要成为的自我以及害怕成为的自我。而动态的自我是在某一特定时刻的自我概念（Markus，1977）。认知心理学让我们看到了自我积极评价的意义，有利于推进自我发展的相关研究。

在理解自我概念的基础上，心理学家对于自我是如何发展的命题给予了持续热情的关注，并形成了相关自我发展理论。

二 关于自我发展

自我发展是一个人建构社会意义和生活意义的过程，也就是说，自我发展本质上是意义建构（Meaning Making）。那么意义建构是如何实现的？正是在回答这个问题的基础上，产生了有关自我发展的许多重要理论

（Kegan，1995）。例如，人本主义认为人的需要是驱使个体不断发展的动力。马斯洛把人的需要分为生理的需要、安全的需要、归属感的需要、自尊的需要和自我实现的需要五个层次，并认为需要的激励过程是动态的、逐步的、有因果关系的，在这个过程中不断变化的需要影响着人格的发展。当个体的自我概念形成后，人的自我实现意识被激活，在环境中进行各种活动并产生大量经验，通过机体的自动评估产生正面或负面的情绪体验。因此，人本主义强调个体的主观能动性，自己领悟到自己的本性，弱化外界环境强加给自我的价值观。

存在主义的代表人物罗洛·梅（Rollo May）等人主张，人具有选择的自由，可以自己选择生活的目标和意义，同时，也要对自由选择所产生的后果承担责任（叶浩生，1987）。另一位代表人物萨特（Sartre）认为，人的"存在"是一个从过去推向未来的、自由选择以突破既定自我、实现新的可能的过程。他还指出人存在于三个不同的世界：组成生理和物理环境的内部和外部世界（周围世界），由他人组成的人际世界，以及由人与自我和自我价值所体现的潜能的自我内在世界，并在其中有着不同的存在方式。要了解一个人的真实面目，就需要对这三种不同世界的存在方式有所关注（李清，2014）。

图式（Schemas）是建构主义的一个重要概念，它指个体对这个世界的知觉和个体的思考方式，或者是心理活动的框架或组织结构。皮亚杰（J. Piaget）的认知发展理论认为，图式的形成和变化是认知发展的实质，认知发展受同化、顺应和平衡三个过程影响。其中同化是个体对外界刺激输入的过滤或者改变的过程，并把外界刺激纳入头脑中原有的图式；而顺应是指学习者调节自己的内部结构来适应特定刺激的过程，这个过程涉及图式的修改或重建；平衡则是通过同化或顺应使认知发展从一个平衡过渡到另一个平衡的过程。个体的认知结构就在这种平衡—不平衡—平衡的过程中不断地丰富、提高和发展。

维果茨基在皮亚杰认知结构说的基础上，提出了"文化历史发展理论"，他强调在认知过程中学习者所处的社会文化历史背景的作用，并提出了"最近发展区"理论，认为个体在与他人互动中，主动构建自己的认知和知识，并且更关注建构过程中社会性的一面。维果茨基提出了个体发展的两种水平——现实的发展水平和潜在的发展水平，现实的发展水平是指个体独立活动所能达到的发展水平，而潜在的发展水平是指个体在成人或者成熟他人的帮助下所能达到的发展水平，两种水平之间的区域叫作最近发展区。维果茨基等人深度研究了教育活动和社会交往在高级心理机能发展中的重要作用，使建构主义理论得到进一步丰富和完善（叶增编，2006）。

在整合皮亚杰的"结构"理论和罗杰斯的"发展"理论基础上，凯根（Kegan）创立了"新皮亚杰—罗杰斯主义"，也就是"结构—发展"理论。"结构—发展"理论的核心思想是一个人自我发展的过程是社会意义和生活意义建构的动态过程。这里的"动态"主要是指一个人意义建构的过程是持续的，是不断从平衡走向失衡，再从失衡走向平衡，如此循环不断。在相对的时间和空间中，意义建构的活动相对静止，即如果一个人对主客体的关系感到平衡，建构了平衡的意义，其就会按照这样的意义"平静地"生活。当然，静止是相对的，当一个人对主客体的关系感到失衡时，其会按照失衡的意义生活。这种从平衡到失衡或者从失衡到平衡所经历的两个阶段就是"结构—发展"理论中的"结构"；两个阶段的中间过程则是"发展"。出现从平衡到失衡或者从失衡到平衡，主要是因为文化的作用和受个人认知水平的影响。文化以"植入"的形式影响个体的自我发展，个体以"沉浸"的形式接受文化（Kegan，1995）。如果植入的文化与个体的认知相匹配，则个体主要处于平衡状态；如果不匹配，则个体会进入失衡状态，失衡意味着（个体需要处理）脱离旧文化进入新文化的挑战。

三 关于自我主导

在凯根"结构—发展"理论的基础上，马格达（Magolda，2008）发展了自我发展理论，并将自我主导力定义为存在于个人内部的能够定义自我信念、自我身份以及社交关系的能力。该理论认为，自我主导力是个体成功协商不同声音，正确做出人生决定的前提，被誉为 21 世纪高等教育学生发展工作的基石。在一项长达 20 多年的研究中，马格达发现自我发展有三个相互交织的维度，分别是我如何认知（认知维度）、我是谁（自我维度），以及我是如何想要和他人建立关系的（人际关系维度），并认为20~30 岁这段时间个人发展主要体现在自我主导力的建立方面。而大学生一般处在 20 岁左右的阶段，这为学者们以自我主导力视角研究大学生自我主导力的发展提供了有力的理论支撑。

马格达和金（Magolda 和 King，2012）在针对迈阿密大学 101 名学生在校期间的认知发展的研究中指出，自我发展的四个阶段分别是服从外部规则阶段（Following External Formulas）、十字路口阶段（Crossroads）、自我主导开始阶段（Becoming the Author of One's Life）和建立内部信念阶段（Internal Foundation）（见表 2-1）。其中，服从外部规则阶段的主要特点是服从外部权威提供给自己的计划，这种外部权威来源于社会期望、与自我互动的他人以及同龄伙伴等，其中，父母、教师以及其他对自我有重大意义的人对个人的影响尤其重要；并且个人会允许他人对自我进行定义；另外，在建立关系方面，想得到他人的认可是极为重要的一种表现。十字路口阶段的主要特点是自我发展要根据自己的需要和兴趣做计划，开始不满意他人对自我进行定义，认识到需要建立自我的感知。在很多情况下，服从外部权威会出现危机，并产生不愉快以及缺乏满足感。自我主导开始阶段的主要特点是个人具备选择自我信念以及当这些自我信念与外界观点产生冲突的时候坚持自我信念的能力。当开始确立自我信念后，个人逐步意识到知识、信念等体系是有情境性的；个人也开始建立坚定的自我概念，在人际关系方面，经常会出现与周围的人进行讨价还价（Renegotiation）的情况，并在此过程中，努力实现人际关系与自我的平衡。建立内部信念阶段的主要特点是自我坚定而全面的信念体系已经建立；个人能够同时接受多种视角和观点，并对变化持开放接受的态度；个人拥有强大内心，能够感受到外界的影响，但不会被过多地影响；个人抉择取决于自我内部的信念。

表 2-1 自我主导力发展的三个维度和四个阶段

阶段	服从外部规则	十字路口	自我主导开始	建立内部信念
认知维度	依赖外部权威的认知	开始质疑外部权威并明白自我视角的重要性	开始建立自我的认知；明白自我是如何在情境下理解外部权威的认知	有自我内部坚定的信念
自我维度	以外部权威来定义自我	认识到以外部权威来定义自我的局限性，明白自我定义身份的重要性	开始在外部因素影响下建立自我的价值观和自我身份	建立起稳定一致的自我
人际关系维度	寻求外部权威的认可	认识到寻求外部权威认可的不足，明白需要把自我的因素与人际关系结合起来	开始在人际关系中做真实的自我，学会通过相互协商、沟通来满足彼此需求	真正做到和而不同

之后，马格达和金又对自我发展的四个阶段进行了完善，将其整合为三个阶段（意义建构的三种方式）和自我主导力发展整个过程中的十个节点（Magolda 和 King，2012）（见表 2-2）。在本书中，我们也将其作为自我主导力发展水平的主要划分依据。

表 2-2　意义建构的三个阶段与自我主导力发展的十个节点

阶段一	外部形式： 信任外部权威、外部资源	Ea 早期外部主导：相信外部权威的力量（一贯地参考外部权威；不能认识到此方式的缺点）
		Eb 中期外部主导：信任外部权威带来压力（继续依靠外部资源但同时带来了压力）
		Ec 晚期外部主导：认识到信任外部权威的缺点（依然依靠外部资源但认识到此方式的缺点）
阶段二	内外交替： 学习倾听内在的声音 E（I）和 E-I 阶段被称为进入交替期； I-E 和 I（E）阶段被称为走出交替期	E（I）外部权威主导：质疑外部权威（认识到倾听内在的声音的必要性）
		E-I 内外交融下外部主导：建构内在的声音（主动倾听内在声音，外部声音占主导地位）
		I-E 内外交融下内部主导：倾听内在的声音（密切倾听内在的声音，内在的声音占主导）
		I（E）内在主导：培养内在的声音（主动培养内在的声音）
阶段三	内部基石： 信任内在的声音	Ia 早期内部主导：相信内在的声音（相信内在的声音并改进信念、关系、价值、身份等）
		Ib 中期内部主导：建构内在的基石（信任内在的声音来指导人生哲学）
		Ic 晚期内部主导：确保内部承诺（巩固人生哲学——自我存在的核心）

资料来源：Magolda 和 King（2012）。

第三章

自我主导的多元样态

作为在西浦负责学生工作的教育工作者，笔者被大量鲜活案例深深触动（甚至刺痛），激发了笔者对教育本质和学生自我发展内在机制的探究兴趣。由此开启了笔者多年来对大量学生发展历程的追踪访谈，以及对其能否活出自我的深度挖掘与分析。围绕本书主题，笔者选择了其中具有代表性的 16 位学生的案例（为保护个人隐私，在行文时已进行信息脱敏并采用化名），以大学为时间分界，借助"叙事＋分析"的方式，表述学生自我主导力发展的多元样态。

考虑到学生在大学前自我主导力处于不同的基础水平以及进入大学后形成的不同增长速度，笔者据此将 16 位学生分为低开低走（低水平低增速组）、低开高走（低水平高增速组）、高开低走（高水平低增速组）、高开高走（高水平高增速组）以及居中平稳（中水平中增速的居中组）共计五组。本章节将以组为单位详细阐述每位学生自我主导力的发展故事，然后在小结部分呈现各组学生的自我主导力发展水平在大学前后的变化图，并且通过图表来具体展示学生在沉浸文化以及沉浸文化与植入文化的冲突和协商中对自我主导力发展的影响因素及内在机制。

叙事就此展开。

第一节　低开低走

一　不被认可的无所适从

（一）沉浸文化对自我主导力发展的影响

1. 重男轻女的家庭、关注成绩的应试氛围，形成较低的自我价值感

我们家人多少都有点重男轻女。因为我是女孩，爷爷奶奶一度想把我扔掉。后来，他们看到邻居家的男孩们学习一般，觉得如果养个男孩子是那样子的话，还不如养个像我学习这么好的女孩，才慢慢接受我的存在。上小学的时候，我有点先天性近视，戴着矫正眼镜，（在他人眼里）就多少有点奇怪，班里的同学经常取笑我，还给我取外号。但是我成绩一直很好，到了五、六年级大家开始看重成绩了，这种（被取笑的）情况才有所改善。

小可（女）成长于一个受"重男轻女"社会文化影响较大的家庭。这种对"男性"的性别偏好是一种由家庭制度决定的群体的心理固结，体现了女性受到的性别歧视和低下地位（陈光洁和汪芳芳，2013；李冬莉，2000）。当女孩意识到父母存在重男轻女的思想，意识到"无条件关爱"的理想化父母的表象丧失时，她将陷入痛苦与无奈中，这是对她天生自带属性的不满意，是她难以通过努力去改变、去正名的"Bug"（缺陷）。被接纳、被肯定是人的正常需求，但是小可"求而不得"，这不仅体现为在家里的遭遇，来自学校朋辈间的不友善也同样如此。长此以往，外界对自我的忽视逐渐影响内在自我，由此形成的自我认知与价值认同往往是破碎的、低下的。内在自我缺乏"爱"的滋养，难以生长出自信、自爱的力量，小可只能向外求索，而"学习好"成了她唯一可获得他人青睐的资本。

2. 家长、老师紧盯学习使其难以倾听自我内在的声音

初高中的时候父母盯着我学习，我小叔是我们学校的老师，他会拜托别的老师盯着我，就导致我都没主动找过老师，有事都是老师喊我去办公室。一般不是什么好事，（比如）成绩又下降了的那种。被那么多人盯着，就会有一种压迫感，这也让我觉得自己不能丢脸，压力很大。

"盯着"这个词，表现出了巨大的压迫感和自我的无力感。对小可来说，不仅家长重视她的学业，"四年级就开始补习"，一直"盯着"她学习，家里的亲戚以及其他老师也"盯着"她，这使她觉得高中毕业前家里"纯粹关心我的学业"。同时，学校教育中"以学业为中心"、灌输式的教育环境，让学生埋头学习，鲜少有时间、有意识来了解自己的内心想法，抹杀了个体对"很多专业的兴趣"，造成其学习缺乏内部动机。Lepper 等人（1979）的过度理由效应（Over-justification Effect）理论认为，对原本有充分内在理由（如兴趣）的行为施加具有强烈吸引力的外部刺激，往往会造成行为的理由"过度"，促使人们将自己的行为解释为外部原因，忽视原有的内在理由。一旦外在刺激不复存在，人们的行为也因缺少理由而趋于终止（Garland 和 Staff，1979）。

可以说，小可家庭教养观念中传达的学业表现优秀即成功的认知，逐渐被其内化并限制了其认知的拓展。另外，学校中以学业为核心的教育模式，客观上阻碍了小可对自我的探索，尤其是对兴趣、爱好以及未来的探索。

3. 志愿填报时，自己的兴趣方向让位于父母的选择

我家是很普通的工薪阶层家庭。学费对于我们家多少有点压力，而且我也不是那种很国际化的，相反我比较喜欢传统高校，比如当时填报志愿时我想学汉语言专业，出来当个老师。但是我爸觉得老师现在很辛苦，工资又不高，所以，让我学未来好就业的经济与金融专业。

在大学的选择上，小可父母的表现同样强势。他们希望小可"能学到点真本事"，选择了稍高于家庭经济水平的中外合作办学高校，却未意识到小可由此背负的愧疚感，她一直自责分数不够高才"浪费家里的钱"，并且产生了"要好好学习，以后找薪水好的工作"的认知。这种内归因习惯，认为自我主体的"不重要感"，使得小可在专业选择上忽视自己的兴趣而服从父亲的想法，选择"好就业"但是自己"完全不喜欢"并且觉得"太枯燥"的经济与金融专业。

内部动机指个体完全出于内在的满足感做出相应行为，而不是外在的回报或压力的结果。内部动机受个体内在的兴趣、爱好等因素影响。当学习者受内部动机驱动时，他们的学习活动无须任何外在奖励或惩罚，因为学习活动本身对他们来说就是奖赏。相反，由奖惩、监督等外部力量激发的动机则属于外部动机。这种动机依赖于外部情境条件，一旦外部情境条件消失，由此产生的动机也不复存在（Deci 和 Ryan，1985，2000；Eisenberger 和 Cameron，1996）。小可把好成绩、好学校、好工作、改变社会阶层等外部因素作为目标，学习动力都是来源于避免"平庸""辛苦""工资不高"等外部因素。

基于满足父亲的期待、维持学业表现带来的认同感这样的外部动机，小可牺牲了自身的内部动机（兴趣、爱好）。这样造成的结果是尽管她延承了高中的学习模式，却无法在今后的大学学业上有较好的表现，陷入

了"愧疚—努力学习—学习失败—更加愧疚"的怪圈之中。在意家庭经济负担，强调自己来自工薪家庭等个人身份，反映出小可对家庭观念和被期待的自我高度认同。不难想象父母在与她相处中会不时表露出对经济问题的焦虑，这份焦虑通过小可目前仍是家庭经济的"消费者"加剧了小可的"愧疚感"，给她的学习带来外部压力，也使她在重要的大学和专业选择上听从外部权威（父亲）的建议，遵从他人意志，不敢发出内在自我的呐喊。

4. 局限的人际交往环境、被忽视取笑的童年经历，造就羞怯、内向的性格

> 以前我生活的范围比较狭窄，父母因为要忙工作，经常把我一个人留在家里。我童年的几个小伙伴也是父亲同事家的孩子，而且是经父母介绍认识的。这可能导致我自己不会跟别人打交道，而且经常因为别的事情被其他同学欺负，比如我一直戴着眼镜，就会被男生起不雅的外号。

过往研究显示，羞怯与人际交往归因和应对方式存在密切关系，Henderson（1998）认为羞怯是在社交情境中感到不舒服的一种对消极评估的恐惧，并且伴随情绪上的沮丧和抑制会显著影响对期望活动的参与行为或者对个体和职业目标的追求行为。这与小可目前在人际关系中表现出的内向、羞怯、不主动的性格以及"生活范围狭窄"的状况一致，阻碍了她自我主导力在人际关系维度的发展。

（二）沉浸文化与植入文化冲突与协商下自我主导力的发展

> 我觉得更多的成长来自大学环境的变化，就是一种激励。比如，大学文化中的 Young Adult（年轻的成年人），就是要自己对自己负责，

因为没有人会去逼你，没有人会去强迫你，但是一旦失败，后果也都由自己一个人来承担。还有一点就是大学比较开放，有各种支持资源。

在小可进入大学后，她觉知到了大学带来的新刺激。一方面，她感受到了大学的开放性、教育资源的丰富性以及以学生为中心的教育模式。另一方面，她意识到大学是一个"凡事都要靠自己"、需要自己"主动去交流"，以及"不得不调整自己"的环境。大学的这些植入文化既给小可提供了机遇，也为其很好地适应环境带来挑战。

1. 从抑制到鼓励，从同质化到异质化，在人际关系环境变化中人际关系维度有所发展

大学后的人际交往是有些进步的，比如跟陌生的同学谈话不那么拘谨了。可能是因为环境的一种压迫感迫使我去调整和改变。父母也是一直鼓励我要走出去，因为上大学后跟以前的朋友都隔开了，所以在走上社会之前积累几个大学里的朋友还是有必要的。这是我父母的话，我觉得有道理。因为我知道没几年了，早晚都是要工作的，如果这个时候再不培养自己的话就迟了，要以防被淘汰。

在沉浸文化中，小可所处的片面重视学业的家庭与学校环境，及其在成长中受挫的朋辈关系经历造成其在人际交往上的被动、内向，这种情况在小可进入大学初期也因其对学业的投入而未得到改善。大学有众多的活动与人际交往机会，但小可难以利用这些资源，没有交到什么朋友，主要人际交往是与英语课的同学、几个老乡以及舍友，限制了其在自我主导力中人际关系维度的发展。

另外，小可因大学环境的"压迫感"、父母"鼓励我走出去"以及"以

防被淘汰"而不得已尝试发展人际关系。为此，小可调整了自我认知，比如"这是我父母的话，我觉得有道理""如果一直很拘谨，说话比较有顾忌，对自己也没什么好处"。受大学新环境的影响，虽然小可想在人际关系方面做出调整、改变，但囿于过往相对被动的应对方式以及较低的自我评价，其人际交往的效果也一般，"只能说有更多熟人了，就是彼此认识，说得上话，但是对彼此的了解都不深，维持在一个比较友好的状态"。这种回避型的人际交往方式很难打开自我、表露情感，不利于建立亲密的人际关系，难以找到自己的归属。但归属和爱的需要是重要的心理需求，只有满足了这一需求，人们才能更好地走向自我实现。缺乏归属感的人会对自己从事的工作缺乏激情、责任感不强、社交圈子狭窄等（俞大森，2006），由此不难想见小可内心的孤独、痛苦，"很难建立那种比较稳定而且比较深厚的关系"。

在沉浸文化与植入文化的冲突和协商中，沉浸文化对小可人际关系发展的影响依然占据主导地位。尽管人际关系发展遇到挑战，但父母教养方式的改变（鼓励走出去），以及大学新环境的影响（丰富的人际交往机会和即将踏入社会的现实），对其主动性的发展和独立思考的培养有一定的推动作用。而提高自我主动性的认知调整，对其人际关系发展起到积极作用，使得小可现在与陌生人交往不再像以前那么拘谨、有顾忌。这种"进步"或者说"自信"让她在人际关系上不再单纯地被对方定义，可以把握一种自主权，关注内在自我的感受，这是自我主导力发展的重要一步。

2. 从中学的被动安排到大学的凡事靠自己，在孤独中感受和发展自我

我觉得大学和初高中最根本的区别是大学是一个凡事要靠自己的地方。比如，在生活上，什么事都要自己打理，什么东西都要自己买，对物价有了一些概念，理财能力有所提高。在人际关系上，不得不去适应，各种社团活动要参加面试，虽然最后我一个没被选上，但

也得到了锻炼。在管理规划上要自己安排自己，其实现在已经这样做了，每天的课程都不一样，因此要做好时间管理，但是一些长远的规划更多还是靠自己。

"凡事靠自己"一方面反映出小可的孤独，她感受到的社会支持非常弱，与周围同学的情感交流较少，在人际关系上有较强的习得性无助感，归属感较弱。但另一方面，在孤独地"靠自己"的过程中，她的理财能力、人际交往能力、时间管理能力以及对自己未来的规划意识都有不同程度的提高，少了对外界的依靠，多了自身的独立，这是小可自我发展的重要过程。在这一过程中，她开始倾听内在的声音，不断尝试遵从内在自我。

3. 从聚焦学业到催促恋爱，家庭中不变的干涉，否定自我内在的声音

上高中的时候我爸不让我谈恋爱，他认为谈恋爱的学生成绩会下滑。但是现在，我爸无意中提起了几次，我妈还给我买化妆品寄过来，让我学着化妆，总之就是催我（谈恋爱）。因为他的一些同事、朋友的女儿条件很好，但是快30岁了还找不到对象，他就很着急，让我在大学赶快找。

小可父母在她恋爱问题上的态度具有戏剧性变化，大学前不允许谈，上大学之后就催着谈。前者是因为家长认为谈恋爱会分散学习的精力，不信任孩子有自主处理恋爱与学业关系的能力；后者其实本质上也是一样，父母很难从"家长"这个角色中抽离，对孩子大学毕业后要面临的资源和竞争的焦虑同样是对孩子自主能力的否定，忽视了孩子个体的诉求和心理发展的自然规律。

在外部权威（父母）的要求下，小可不得已进行了一些行为上的改变（化妆打扮自己等），但对自我内在的声音与需求的关注仍然不足，"我

心理上是无所谓的"。恋爱是个人成长中自我维度非常重要的部分，父母断层式的教育不仅影响了小可的恋爱观，造成她只是被动应对成长中的任务（不能谈或应该谈恋爱），缺乏内部动力，使她产生疑惑："好像年龄到了我就要谈，可我为什么谈？谈什么样的呢？"这其实再次反映了父母对小可这一鲜活个体内在感受的忽视。

4. 从灌输式教育到研究导向型学习，在思辨中逐步适应大学课堂

大学教育的初衷肯定是要挖掘自己内心的想法的，但是，我们这些学生已经习惯了灌输式教育，不太被鼓励表达自己的观点，已经很难有那种创新性思维了。

小可的高中采取的是典型的灌输式教育，学生被动接受知识，练习答题技巧。而大学教育侧重以"发展为根本、学习为中心、兴趣为导向"，致力于实现"从孩子到年轻的成年人到世界公民"的转变，在教学过程中强调学生的自主学习与独立思考能力、批判性思维、表达能力等，这种育人理念、教学方式对小可自我主导力的发展产生了直接且重要的影响。

首先，大学教育有利于批判性思维的培养，有利于独立思考能力和表达交流能力的提高。"每个班二十多人，学生被分成几个组围着桌子坐在一起。在课堂上，小组讨论是最常见的形式，课上的讨论以表达自己的观点为主，更能引发学生从不同视角思考。"其次，在教学教材方面，大学同样尊重学生的观点，"一些偏人文性的课程是可以有不同的观点的，而且教材中有一些课堂讨论的板块，也鼓励有不同的观点"。再次，在师生关系上，大学强调教师是学习的促进者，促进学生自主学习与独立思考，不直接给学生标准答案，"这样的师生关系会使得学生更多地依靠自己，而不是依靠课堂，学生下课后有足够的自觉性"。大学生与老师"联系没有高中紧密，但是与老师的关系更为平等、轻松。他们是外教，他们那边的文化习惯使我们在跟他们讨论问题或者产生争论的时候也要轻松一点，而且我们可以直呼其名"。最后，大学在教学中重视学生对知识的加工和处理，进而将其内化为自己的学习成果。"比较注重信息的处理，知识的理解、整合和运用。比如说我们 EAP（学术英语）的最后一次考试，它是先听听力、做笔记，再阅读一篇文章，然后把这两处信息整合起来写一小段简短的 Essay（文章）。这相当于一个信息处理到运用的完整过程"。

相较于沉浸文化的局限，大学里频繁的小组讨论、对独立思考能力的训练、平等的师生关系，以及对知识加工处理的强调等，让她的认知方式从单一被动地接受灌输式教育转变到多元主动地体验思考，在认知维度上，体会观点的多维性，这对自我主导力的认知维度发展产生了积极的促进作用，使她在面对大学前后不同的育人理念、教育模式的冲突与协商中逐步适应。

二 "孝顺"的儿子

（一）沉浸文化对自我主导力发展的影响

1. 父母年纪大，孝顺观念下的顺从形成压抑的自我

我比较孝顺，可能是受我们传统文化的影响，就是要孝顺父母。我平时很少让父母操心，因为他们也年纪比较大了，比我同学的父母稍微大点。并且在跟他们说话或者是在讲一些事情的时候，我都尽可能会顺着他们的意见。

"孝顺"的核心是在子女与父母的关系中，子女尽心奉养父母，顺

从父母意志。因此，从家庭意义上看，孝顺首先体现子女对父母权威的顺从，其次体现父母期待或者要求得到子女回报的社会心理。作为小顺（男）内化了的价值观，孝顺文化影响着其自我主导力（认知、自我和人际关系三个维度）的发展。首先，在认知上，认为父母"一般是对的"，顺从父母的意志，往往限制了内在认知的培养；在自我上，如果一味突出对父母的孝顺，相应地就会忽视自我内在的需求和感受，在自我发展的路上，也"更多的是不想让父母失望""多考虑他们"，并且习惯性接受父母作为外部权威的定义，"我爸倾向于在大的地方（替我）做决定，稍微小一点的地方我妈会讲"；在人际关系上，"顺从"是小顺在访谈中的一个高频词，反映出他在人际关系尤其是亲子关系上的被动和依附。在这样的家庭关系中，小顺习得并形成了被动和依附的行为习惯，难以建立其他类型（朋辈和师生等）的平等的人际关系。

"孝"，是在中华民族的悠久历史文化中孕育出的一种传统美德。《尔雅·释训》中说"善父母为孝"，这也许是我们对"孝"最普遍的理解。如何善父母，如何为孝呢？孔子对此有两方面观点。一方面，孝，在敬养。子曰："今之孝者，是谓能养。至于犬马，皆能有养；不敬，何以别乎？"另一方面，孝，即无违。《论语·为政》记载："孟懿子问孝。子曰：'无违。'樊迟御，子告之曰：'孟孙问孝于我，对曰，无违。'樊迟曰：'何谓也？'子曰：'生，事之以礼；死，葬之以礼，祭之以礼。'"可见，孔子所说的"不违"或"无违"是指无违于礼，即父母在世时要按照规定的礼节侍奉他们；父母去世后要按照规定的礼节埋葬和祭祀他们（杨伯峻，2006）。孝当然有顺从、听话的内涵，但并不是无原则、无选择的。小顺口中的"孝顺"更多表现为尊敬父母、遵从父母，对自己的观点或态度比较压抑，自我呈现不够成熟的状态，无法自己主动做出选择并承担相应的责任。

2. 父母的干涉与包办，剥夺自我体验与锻炼的机会

我刚来学校要办电话卡、银行卡，如果他们不在的话我也可以做。但是我爸跟我来了，他很快帮我把这些事情都做了。就像以前很多生活上的事情也这样，他如果做的话，我就会变懒了，我就不想再做这些事情，因为我知道他们会帮我做。所以平时很多事情他放手让我自己做的话可能会更好。

不难看出，在小顺的成长过程中，他的父母参与过多、干涉过多，包办了很多事情，也因此剥夺了小顺体验生活与锻炼自己的宝贵机会，无形中阻碍了他自我主导力的发展。

在认知上，小顺的父母平时有很多观点，"有时候不是我不知道该怎么评论这个事，而是我宁愿顺着他们的意思。因为我爸妈见得比较多，他们的决定大多数时候是有效的"。父母不断地"前进"，事实上形塑了小顺"后退"的应对模式。他更多顺应外部权威（父母）的意志，压抑自我内在的声音，并且也习惯性地肯定外部权威（父母）。这样的习得，也将泛化到与朋辈交往中，在认知上难以培养和听到自我内在的声音，容易受他人影响，"一般情况下比较被动，我可能会顺着大家的想法，也没有什么主动的时候"。

在自我上，小顺的父母往往扮演着决策者的角色。这既表现在小顺被动"后退"的个性上，又表现在他对未来发展的选择上。在高考结束后填报志愿时，尽管小顺觉得"这个学校可能不那么适合我"，但"他们（父母）让我来这，然后我也就来了"。

在人际关系上，小顺在与父母关系的建设中，习得了被动接受的方式，这让他在朋辈及师生等其他重要的人际关系上同样被动和隐忍。"有

时候跟室友意见不一样，有时候也会有矛盾，但我还是会忍一点。"

3. 父母要求我"多理解别人"，人际关系中长期忽视自我的感受

一些待人处事的方式，这些稍微小一点的地方就是我妈会讲。我感觉到她经常让我多理解别人的感受。

"多理解别人"看似是从多维度看待事物和人际关系，有利于自我主导力的发展，然而，事实上并非如此。因为父母的主导，"多理解别人"似乎也在暗示着"少关注自己"，让小顺在认知上内化了"多理解别人"的正确性，在行为上形成了"多理解别人"的相关性。小顺在与父母的关系中，理解父母，体谅父母，"顺着他们"；在与朋辈的关系中，过于照顾和理解别人的感受，造成自己"挺苦恼的"，尤其是在高三快结束时，因为无意中说了几句话导致朋友不愉快，"心里肯定是非常烦躁的"，他不断跟对方道歉，却没有得到对方的答复。从这些例子中可以看出，父母"多理解别人"的教育理念，对小顺的认知、自我和人际关系都产生了影响，形成了其容易忽视自我感受和体验的状况，更难以听从自我内在的声音，不利于自我主导力的发展。

"自我主导"支持你变成你原本应该是的样子，尽管这是一个富有创造性也充满挑战性的过程，我们都必须找到自我，成为自我，需要注意的是我们不能成为我们被认为应该成为的那种人（张一兵，2004）。小顺的"多理解别人""过于强调他人感受"会让自己成为被父母、朋友等外在声音认为应该成为的那种人，但这实际上与自我发展背道而驰。

4. 高考的失利，家庭的经济压力，造成愧疚中更受压抑的自我

本来觉得能够去到"985"高校，后来考得不算太理想，也比

较担心我可能不适合这里。这所学校的学费对我们家来说有些压力，但在这里受到的教育可能会比别的地方要好，所以我爸妈还是让我来这里。

这所学校不是小顺内心的选择，学费的压力也让他有些心理负担。尽管如此，因为内在的声音过于微弱，在高考填报志愿这一涉及自我发展规划的重要事件上，外部权威（父母）的声音掩盖了小顺自己内在的声音，因为父母"让我来这里"，所以他来到这里。选择、行动是由"我"自己自由做出的，每个人都必须对自己的选择、行动负责，这是自我发展的一个重要表现，尤其是在重大问题的决策上。从大学选择上可以看出，小顺还无法自己做决策，对自己的选择、行动负责任。

（二）沉浸文化与植入文化的冲突与协商下自我主导力的发展

1. 父母不变的干涉，无法主导的自我

小顺：大学第一学期，我家里人突然让我准备考雅思，说是为申请其他学校做准备。

笔者：你为什么想申请其他学校？

小顺：是我表哥给的建议，他有个同学是那所学校毕业的，可以直接在国外读完本科再读研。我爸妈也觉得很好，就让我准备试试。

笔者：那你申请了吗？

小顺：我爸已经申请了。

笔者：你觉得你自己在目前这个学校好不好？

小顺：我觉得挺好的。

笔者：那你还想去申请其他学校吗？

小顺：我个人其实不太想的，因为其他学校也不会说好很多。

而且毕竟也在这里生活了一段时间，如果再换到别的地方可能也不
太好。

笔者：那你有没有和爸爸妈妈沟通这个事情？

小顺：没有。

大学第一学期，小顺的父亲擅自为他申请了国外的一所大学，并要求
他准备雅思考试。尽管小顺不想离开目前的学校，但是并未与父母具体沟
通。小顺上大学后，父母这种一贯的干涉，粗暴地干扰了小顺对自我发展
的探索。这种持久的代理式教养方式使他在上大学之后依然不能培养和听
从自己内在的声音，无法自我主导。

埃里克森认为，青少年期是自我同一性形成的重要时期，这一时期的
青少年热切地寻求新的自我连续感和一致感。在此阶段父母教养方式是对
个体自我概念影响最大的一个外部因素。父母教养方式是父母在教育、抚
养子女的日常活动中表现的一种行为倾向，是其教育观念和教育行为的综
合体现。许多研究结果表明，父母教养方式对其子女人格特质的形成具
有重要影响（钱铭怡和夏国华，1996）。而青少年所有积极的自我概念的
形成与父母积极的教养方式显著相关，如果父母对子女有情感、给予子女
温暖，那么培养出来的孩子就会具有积极的自我概念；与之相反，如果父
母的惩罚严厉或过度保护，使孩子不断强化自己的无能与失败，那么会使
孩子形成消极的自我概念，故父母教养方式对青少年自我概念的影响不可
忽视。

小顺父亲所呈现的"包办"、过度保护，让小顺缺失了自主选择与探
索的可能，对于自我同一性的形成也造成消极影响，致使他一味听从父亲
的安排，阻碍自我主导力的发展。

2. 从管理严格到自主学习，缺乏内部动机而身心俱疲

大学很自由，你可以做很多你想做的事情。比如我想学画画，可以去上课专门学习，也可以参加社团学习，有很多不同的方式。如果你觉得时间够或者有精力的话，学校有太多类型的活动可以选择了。就不像在高中时你所有时间被安排好了，而现在时间可以自由支配，你就可以自己选择去做什么。

表面看来，小顺在大学第一学期学习成绩优良，也参加相关学生社团活动。然而他内心感觉"学习上有点累""状态不太好"，有时上课"会走神"，学起来比较难，也不感兴趣。尤其是到了第二学期，他觉得自己"状态更不好"，也"不着急，不爱学习"。而在人际关系上，因为"不太主动去交友"，所以小顺没有特别好的朋友，有时候"会比较孤单一点"，平时的爱好主要是打游戏。

我们学校学位分等级，你的成绩都是跟你最终拿到的学位证挂钩的。如果成绩是一等，申请国外的学校时就比较有竞争力。如果我偷懒，或者什么事情都不做的话，成绩肯定会下降，这就会时刻警醒自己。

虽然不在状态，没有学习的动力和兴趣，但小顺还是努力强迫自己去学习。学校学位分等级的事实让他"时刻警醒自己"，因为"如果考差了"，感觉会"很糟糕"；另外，因为学费压力，他"不想让父母失望"。小顺现在非常担心未来，不清楚"未来会怎么样"，"感觉很可能学习或者找工作不顺利"，不过这种担心有时候"一下就忘了"；也想过让自己变得

更强，但是"一般坚持不了多久"。

总体来说，"孝顺"的家庭文化和"不能混学"的大学文化这两个强大的外部刺激，迫使小顺在大学里努力学习。因此在学习上，小顺虽然没有兴趣，也不清楚未来自我发展的道路，但他还是能够强迫自己努力学习，做一个成绩合格的学生。苦恼的是，因为没有内在动机，小顺在学习的过程中内心极其挣扎，既不想学又不能不学，而成为"学习工具人"。有时候他用游戏暂时解压，"玩游戏很容易忘记时间，每当意识到玩得太多时，就赶紧克制一下，努力学习"。

3. 被现实忽视和否定的自我，在虚拟的游戏世界里得以彰显

为什么对游戏感兴趣? 我主要觉得就是因为它具有交互性。有人说游戏是第九艺术，因为之前的所有艺术形式你不能与其有互动，包括电影、雕塑、绘画之类的都不行，但是游戏可以，代入感会很强。

我们在访谈过程中发现，小顺真正感兴趣的是游戏。每当谈及游戏时，他都情绪高涨，表现出深刻的理解与发自肺腑的热爱，打游戏对他的自我主导力的发展有着别样的影响。

在认知上，小顺对游戏有着深刻而独到的理解，认为游戏是"第九艺术"，其灵魂在于"它讲的故事"，另外玩游戏"跟你的那些经历阅历没有什么关系"。此时我们能够听到小顺对游戏清晰的理解，在游戏的世界里，他不再听从外部声音。

我初中玩过一个游戏，里面人物的本事都不是天生的，我的那个角色从扎马步开始练功，过了很长时间终于成了武林高手，然后就

行走江湖。不断修炼的过程让我印象很深刻，好像是我自己经历过一样，日复一日地努力然后有所收获。

在自我上，小顺能够鲜活地体验别样的感受。通过玩游戏，他借助虚拟角色的努力、坚持，看到了及时反馈的成效，这在现实生活中很难做到。现实生活中懒惰的个性或者难以体验到的成就感在游戏的世界里得到了替代性补偿。

现在大家更偏向于玩网络游戏，其实是一种互动，不是人机的互动，就是在网上跟别人玩。比如你三个室友都在玩网络游戏，你可能自己也会跟他们一起玩，这是一种跟人互动的东西。

在人际关系上，小顺是被动和隐忍的，"之前跟舍友有点小矛盾，然后我基本上也会让一步，就可能懒得计较吧"。并且他的人际交往范围也比较狭窄，在大学里没有朋友，春节回家"没有跟以前高中同学交流"，也"没有跟他们一起玩"。现实中人际关系互动的缺失在游戏的世界里得到了弥补。

总体而言，小顺被动和隐忍的个性在现实世界里难以得到别人的关注和自我的肯定。作为对现实世界的补偿，游戏世界里没有了外部权威的存在和压迫，这让他得以在认知、自我和人际关系中主动培养并倾听自己内在的声音。他不仅将游戏视为自己的内在兴趣，也将这一兴趣与自己的未来建立了联系。"以后可能会想做游戏"，这看似微弱且不确定的一句话却是他对于自己未来发展的内在的声音。

三 小结

小可、小顺显示出自我主导力的基础水平较低、发展速度较慢的状态。大学前的自我主导力水平较低，总体处于 Ec 水平，即晚期外部主导阶段，依靠外部资源但认识到此方式缺点的节点。进入大学后，其自我主导力发展也较慢，总体处于 E（I）水平，即走出交替阶段，质疑外部权威的节点。小可、小顺自我主导力水平变化如图 3-1 所示。

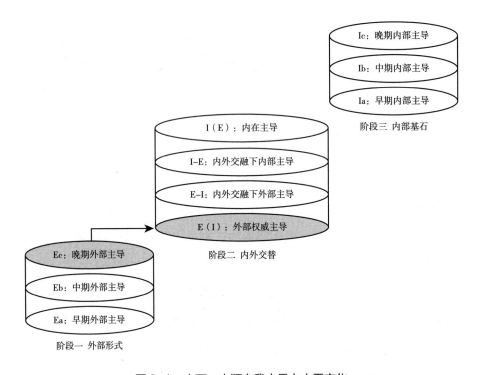

图 3-1 小可、小顺自我主导力水平变化

（一）影响小可的自我主导力发展因素及机制概述

沉浸文化对小可自我主导力发展的影响机制如图 3-2 所示。

（1）重男轻女的家庭环境，加上应试教育影响下片面关注学业表现的教育环境，使学业"成功"成为她获得认同感的唯一支点。

（2）家庭的期望，以及学校中的高压学业氛围，让她感觉有很多人"盯着"自己学习，外部动机逐渐取代了其内部动机。

（3）高考志愿填报时，因为父亲出于好就业的"综合考虑"而选择

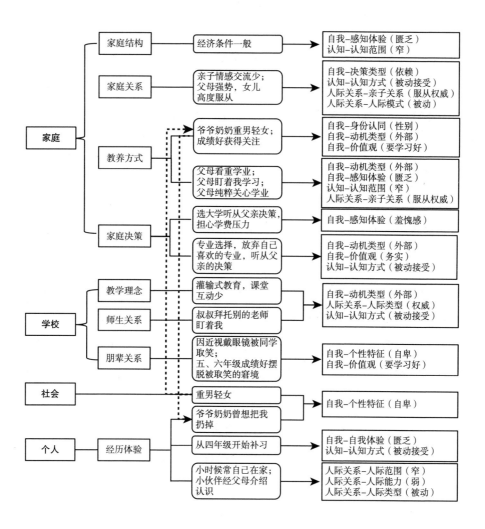

图3-2　沉浸文化对自我主导力发展的影响机制（小可）

注：虚线指潜在影响关系（余图同）。

了小可并不喜爱的经济与金融专业，自我被父亲的权威压抑。小时候父母忙，"经常把我一个人留在家里"，生活范围狭窄，加上小学戴眼镜受到同学取笑的消极经历，形成了她人际关系上容易羞怯的性格、内归因的交往模式。

沉浸文化和植入文化的冲突与协商对小可自我主导力发展的影响机制如图 3-3 所示。

（1）小可所处的沉浸文化中人际关系简单而同质化，加上童年被同学取笑的经历，尽管大学有众多人际交往的机会，她却难以利用这些资源，没有交到什么朋友。之后在父母"走出去"的鼓励以及西浦多元、自主环境的影响下，人际关系能力逐步提高。

（2）中学的生活由教师和家长安排，而大学"是一个凡事要靠自己的地方"，面对大学新的环境及独立、自主的要求，小可在孤独中感受和发展着自我的各项能力；在人际关系上，不得不去适应，感觉"（人际交往）应该也有些进步了"。

（3）大学前，小可父母片面地关注其学业，等上大学之后就催其谈恋爱，其内在原因是父母很难从"家长"这个角色中抽离，对孩子大学毕业后要面临的资源和竞争的焦虑本质上是对孩子自主性的否定。父母断层式的教育影响了小可的自我发展，造成她只是被动应对成长中的任务（包括恋爱），缺乏内部动力。

（4）小可的高中教育是典型的灌输式教育，学生只有被动接受知识，练习答题技巧。进入大学后，课堂教学鼓励小组讨论，促进其"发散思维能力"的培养和表达交流能力的提高。

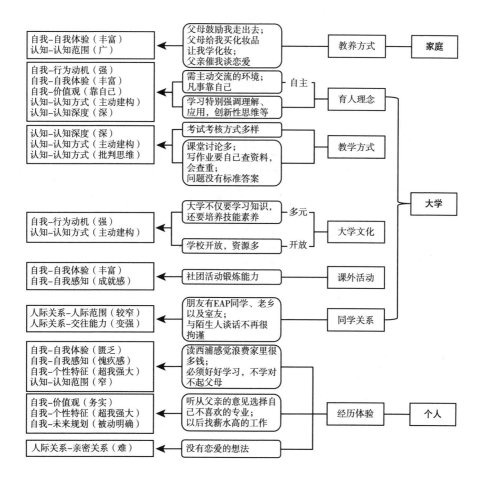

图 3-3 沉浸文化与植入文化的冲突与协商对自我主导力发展的影响机制（小可）

（二）影响小顺的自我主导力发展因素及机制概述

沉浸文化对小顺自我主导力发展的影响机制如图 3-4 所示。

（1）父母年纪大，他认为要"顺着他们""不想让父母失望"，而小顺的父母尤其是父亲也"喜欢为小顺做决定"，长此以往，造成小顺无法自主做出选择并承担相应后果的责任。

（2）父母对小顺生活持续干涉，"包办了很多事情"，也因此剥夺了他

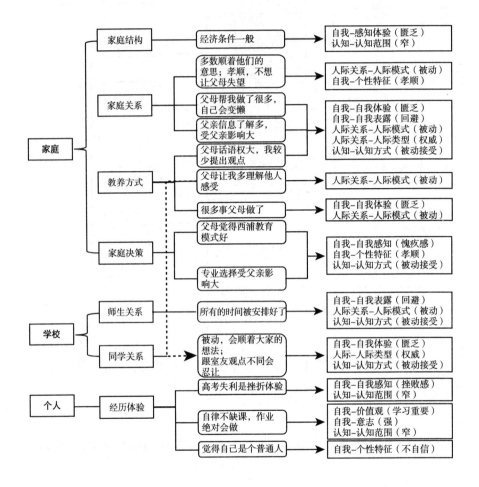

图 3-4　沉浸文化对自我主导力发展的影响机制（小顺）

体验成长与锻炼自己的宝贵机会。

（3）小顺成长的过程中，父母教育其"多理解别人"，形成了他在人际交往上容易忽视、压抑自我感受和体验的状况。

（4）高考成绩不理想，但是父母仍然希望其能受到较好的教育，虽然家庭对学费感到有压力仍坚持选择了目前的学校。小顺在纠结中服从了这一选择，但是高昂的学费与父母的付出使其产生愧疚感，自我更加受压抑。

沉浸文化与植入文化的冲突与协商对小顺自我主导力发展的影响机制如图 3-5 所示。

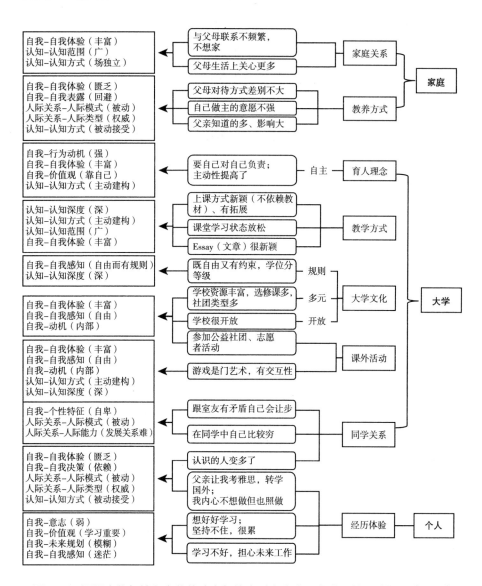

图 3-5　沉浸文化与植入文化的冲突与协商对自我主导力发展的影响机制（小顺）

（1）尽管小顺已经进入大学，但其家庭尤其是父亲对其生活的干涉没有减少。小顺父亲这种不变的干涉，粗暴地干扰了小顺对自我的主导，阻碍了小顺自我主导力的发展。

（2）由于高考的失利以及高昂学费带来的愧疚感，进入大学后，小顺"不想让父母失望"，努力强迫自己去学习。这表现为小顺缺乏对自我兴趣和爱好的探索，内部动机匮乏，导致学得很累，且"一般坚持不了多久"。

（3）大学中小顺父母的干涉没有发生多少变化，小顺的"愧疚感"与缺乏内在的兴趣更是造成他身心俱疲。但大学相对自由的环境还是为他提供了自我探索的空间，他对游戏产生了浓厚的兴趣，开始思考自我及未来的职业发展。

第二节　低开高走

一　打破旧的平衡，发展新的平衡

（一）沉浸文化对自我主导力发展的影响

1. 严父慈母，形成"随性"外表下难以自主发展的自我

　　我比较随意、乐观，朋友之间开什么玩笑，无论怎么样我都觉得可以，没关系。乐观的话就是我碰到那些比较烦心的事比较容易过去，比较容易想开。至于事情怎么处理那就以后再说了，反正就比较好释怀，没有整天纠结在那些事情上面。

　　从访谈中我们可以看出，小新（男）的性格比较随性、乐观。一方面，他生活态度积极，凡事让自己开心，比较好相处。另一方面，小新的"本我"比较强大，以快乐原则行事，对问题的解决常以合理化（余祖伟，2009）来说服自己，"事情怎么处理那就以后再说了"。乐观主义是后天形成的一种人格特质，在不同的人身上有不同的表现方式，大部分人可以通过后天学习形成"习得性乐观"（Peterson，2000）。家庭环境是个体最初接触的也是最基础的环境，在小新的家庭中，"（父母）关系很好"，家庭氛围融洽，有利于他习得各成员间的互动模式，促进人际交往能力的提高，也对其乐观人格特质的形成起着至关重要的作用（Schneider，2001）。

　　同时，在家庭结构方面，小新的父母是"男主外、女主内"，是比较传统的"严父慈母"。父亲由于工作的关系，很少回家，多数时间是

小新与母亲相处，母子情感联系更多，关系更为亲密。在初中时，母亲对其学习"抓得非常严"，"不然我的学习成绩不可能那么好"。虽然有时候，母亲事无巨细的关照会让他感到有点"烦人"，但母子感情依旧比较好，表现出安全、温暖的亲子关系。而父亲"很严厉"，会打他，说话不多，但"一说话就绝对有用"。可见，父子关系相对比较疏远，但对一些问题的看法上，小新倾向于接受父亲的意见，表现出对父亲的认同感。同时，父亲自身学习能力很强，在高考中脱颖而出，这一经历让他觉得父亲非常厉害，增强了对父亲的敬畏感。父母不同的角色分工满足了小新对情感、理智等不同维度的心理需求，促进其自我发展。同时，母亲以学习为抓手，父亲从生活谈话角度切入，向小新提供了各种正式和非正式的指导，通过这些指导，他的认知能力才能超越现有水平而发展（罗秀珍，2003）。

总之，在家庭中，父母的角色分工让小新同时获得一定的温暖与理解，自我感知丰富，有利于其未来进行自我探索，而和谐的家庭氛围也让他获得了安全感，并习得了一定的人际交往能力。这些为个体自我主导力的发展奠定了良好的基础。

2. 严厉的初中，相对宽松的高中，在自主锻炼中体验自我

初中时学校不是特别支持社团活动，但也不反对，学校知道我们其实没有什么能力可以弄好，所以没有专门管理这项活动，初中管得更多的还是学习。到了高中就很不一样了，就整个管理方面，高中对于纪律方面管理不算非常严格。我们初中什么都要检查，剪头发要检查，手机绝对不能带到学校，上课不能吃东西，什么都不能干；到了高中，老师说，如果你上课困的话就吃个苹果。他的意思是说你随便干什么都行，老师不介意，只要你把课听好了，你自己能把学习弄好就可以。就是说到了高中就主要靠你自觉。

　　小新从初中开始住校，生活自理能力问题不大，学习上，母亲每天监督他听写英文、背政治等，学校也"管得很严"，"天天逼你交作业"。初中有学校和家庭（母亲）的"双保险"，小新的学习与生活都比较令人满意。

　　高中与初中存在较大差异。首先，学校方面管理相对宽松。"高中我们更多会住校，就很少会回家了。少回家那更多就要靠自己。在家里，我妈在学习方面管得少了，她就更多管衣食住行。"在学校，从学习上来说要"靠自觉，主要靠自己"；从管理上来说，"也不算非常严格……你随便"。小新"高一进去的时候，学得不是很认真……成绩掉下去很多"。这一阶段，父亲明确表示小新不能谈恋爱，强调"学习是主业，主业中的主业"，但小新还是偷偷谈恋爱，这也是青春期自主叛逆的典型特点。但之后他意识到"这个真的会彻底地影响学习"，因此高三就没再谈，"就想认真学了"。

　　其次，社团活动方面更加规范。从初中起，小新一直在话剧社，高中学校开始为社团提供支持，有"专门的社团部管理"。社团相对成熟，考核流程相对规范；还可以"代表学校出去比赛"；并且由原来的"不算很明白，有点想玩"的心态，转变为"绝对是我们自己"的自我主导的状态。这体现出外部力量的减弱促使学生自主性提高，但此时自我主导力的发展依然是在外部权威的影响下，由学校"保驾护航"。

　　由此可见，小新在初中受到母亲以及学校等外来压力，内部动机较弱，到了高中阶段，学校和家庭双双"后退"了一步，无形中给予个体自我成长的空间。在高中这个新环境中，小新的自主性被激发，能够坚持自己的兴趣爱好，在社团活动中自己做主，锻炼组织能力。在人际关系上尝试发展亲密关系，并从这一经历中发现这样会影响学习，及时自我反思、调整学习态度，有效促进自我认知能力的提高。小新此时的自我主导力虽然还受外部权威的影响，但已能够倾听内在声音，在活动中和认知上积极与环境对话，体现出"发展是人与环境的复合函数"（Bronfenbrenner，1979），自我主导力在与环境互动中得到提高。

（二）沉浸文化与植入文化冲突与协商下自我主导力的发展

1. 从严厉到自由的教学环境变化，自我主导力在挑战中发展

> 我感觉不同的就是西浦上课时间比较迟、下课时间比较早。像其他学校（上课）就很早，他们7点钟、8点钟就上课了，还会有晚修。

最初选大学时，是考虑到老师的意见、父母的支持，小新才来到西浦。"一开始不想来的"，当时对大学不是很了解。之后，自己主动收集学校相关的信息，了解西浦在其他省份的招生情况，感觉"我们学校还挺厉害的嘛"，对学校的认知发生了变化。这一过程体现了小新能够积极接受新事物，转变认知观念，进行意义建构，促进自我主导力发展。在选专业时，小新谈及"忘了什么时候听人说会计很吃香，就报了会计学，但是专业测试没通过，之后选择了工商管理"，由此可见，小新无论选专业还是换专业都比较随性，这符合小新的性格特点，也表现出其此时对自己真正想要什么或者喜欢什么并没有明确想法，自我内在的声音尚未明确。

进入大学，小新感觉"既宽松又紧张"。大学"大课堂上课看你自己（以）什么态度去面对"，课上"大部分直接以英文交流"，需要调整适应。大学提供了更为自由和具有挑战性的空间，对个体的自主性要求也更高。小新在高中阶段，从一开始不在意学习到高三幡然醒悟，这一经历培养了他

学习上的自觉性和主动性。加上小新本身"适应能力较强",这一特点极大地促进了他与环境的互动。在安排自己学习、生活的过程中锻炼"自我管理能力"和"时间安排能力"。此外,西浦也带来多元文化冲击。"可以接触不同区域文化的同学",促进不同思想的交流,使得"人际交往能力有点提升",也丰富了内在认知体系。

综上所述,大学自由而富有挑战的环境使得个体在自我、人际关系、认知三个维度都有所发展,提高自我主导力。

2. 从限制到开放,大学丰富而成熟的社团活动,促进人际交往能力的提升

> 在大学里有点走出学校那种感觉了,社团是更加成熟的,运行得也更加流畅。前段时间迎新的时候要表演,出演了五幕话剧,(在话剧社我的)位置还蛮重要的。到换届时我也算是话剧社半个负责人,所以我就感受到负责人首先要为整个(表演)负责,为整个(表演)质量负责,如果有那么一点点变动,都可能会影响整个节目质量,所以说作为负责人肯定需要有想法。

对小新而言,社团尤其是话剧社是一个贯穿始终的话题。"初中、高中、大学都参加了话剧社",初中的社团"没怎么弄明白",高中的社团则相对比较成熟,而大学的社团有了更多的变化,能够"走出学校","更加开放了"。比如"你可以跑去其他地方,像上海、南京,去什么地方都可以排剧,范围扩大了"。以共同兴趣爱好和追求为纽带,满足个体自我归属、交往、娱乐等的需要,为个体塑造个性、提高社会适应能力、促进社会角色的形成提供了广阔舞台(李凤兰,2008)。相对于学校硬性分配的班集体和同学而言,根据兴趣爱好自发组建的社团具有成员交往平等

性，倡导去留自由的组织原则，有着共同的文化心理。因此，大学里的社团能够更好地发挥学生的主体性作用，尊重其主体意识，激发个体的内部动机，使其积极参与实践活动。并且这种主动学习和主动建构生活的方式以学生自己发现问题和解决问题为前提（景浩荣，2017），对个体的认知能力产生深刻的影响。同时，更加开放的社团文化也丰富了个体的认知维度，拓展了人际交往的范围，同样为自我主导力的发展奠定了基础。

在社团活动中，小新认为他作为负责人要为整个节目表演负责，为整个节目质量负责，即使有一点变动，都可能会影响整个节目质量。此外，小新认为自己"比较注重别人的看法，比如在社团活动的安排上是否公平之类的"，"特别怕人家误解我"，这表现出他在"认识自我"的命题中会受到外界声音的影响，重视外在评价、同伴关系，在社会互动中，希望获得关于自己的评价信息，在不断权衡内在与外部的声音的过程中建构"自我"，促进自我主导力发展。

3. 父母"退后"一步，更加开放和包容的家庭氛围促进对自我的探索

我们前段时间在排练，那我给家里打电话就比较少了，隔四五天或两三天才打一次，空闲下来，隔一天打一次。

大学时期，通过电话，小新与父母的亲子关系仍旧比较紧密，家庭能够提供巨大的支持，促使小新更加有自信和勇气去独立面对问题。同时，家庭对小新自我成长表现出足够的尊重，在"真正牵涉我个人的问题，他们更多考虑我的想法，最后跟我没有分歧"。这有利于小新在面对抉择或者挑战时，倾听内在的声音，培养自我主导力。在谈恋爱的问题上，父亲持开放态度，"上大学就算结婚、生了孩子，我也帮你养着"，表现出家庭

对小新的包容和支持，有利于他成年早期对"亲密关系"进行更加自由的探索。

4. 大学自由中暗藏自律要求，在挑战与挫折中成长

小新从"大学开始抽烟"，认为"学会了抽烟以后可能会有用。而且一群人在一起玩，他会抽，你很自然被带。我当时是这么想的，只要不上瘾就好了"。抽烟是人际交往的一种手段，而大学生逐渐成熟，正在走向社会化，在这方面非常容易受到外界的诱惑，内在的自我尚不坚定。"我是属于比较合群的，我不想太脱群"，通过妥协、从众来融入人际关系、融入环境的方式，体现出他受外部规则主导，此时的自我主导力水平较低。并且在访谈中，当被问及如果抽烟被父母知道会怎么办时，他说："我当时想不到解决办法。既然如此，我就不去想了，车到山前必有路，到那个时候再说。如果你担心一件事情，当这件事情发生时，你会再经历一次痛苦，就相当于担心的话，只会让你承受两次痛苦，还不如不要担心。"同样，面对第一学期期末成绩"没挂科，但是分数不好"的现实，小新"觉得是在可接受的范围"。此时，小新更多是采用合理化回避的应对策略。这种应对策略符合小新强大本我的特征以及以快乐原则行事的一贯风格，也反映出小新尚不能正视问题，不利于自我主导力发展。

但是，数学成绩不理想给小新带来了刺激，促进其进行自我反思和行为调整。"数学期中考成绩就是离我的想法差得有点远"，以后要"少翘课""数学课翘一节课就听不懂"，要精心准备考试。现在"如果有什么困惑，有什么不懂的，我就想着去找认识的人请教，就想跟他们说。找其他人解决这个问题，我觉得是一个挺好的办法、挺有效的方法"。小新在面对具体的挑战时，不再一味合理化回避问题，而是以解决问题为导向，寻求他人帮助，寻找外部支持，体现出积极的自我工作模式。从应对策略的

改变来看，小新更加适应环境，敢于面对问题，不再一味逃避，说明其内在力量在增长，自我主导力有所提高。尽管小新的自我主导力有所发展，但此时他自己还不能完全承担责任、解决问题，有时依然觉得"我完全没有想法""没什么头绪"，更多的还是希望依靠他人，自我主导力仍处于外部权威主导的阶段。

二　拖着疲惫的身心，苦苦挣扎前行

（一）沉浸文化对自我主导力发展的影响

1. 缺位的父亲、严厉的母亲，导致亲子关系中缺乏温暖和理解

我觉得我跟我爸共同语言不多，他很忙，我妈就很严厉，就管得特别严。但是我姑跟我关系比较好，她跟我共同语言比较多，她的思维更年轻化。我不爱出风头，比较低调吧。有一次开大会，参与进去就要与很多人互相交流，然后我去了。但是我也没到处找人交流，我不是特别喜欢表现自己。我觉得跟陌生人聊天很奇怪，放不开，就在陌生人面前很拘束，觉得我不了解他们，不知道说什么，会不会冒犯他们，或者不知道他们喜欢说什么，实际上我就怕找不到共同话题。

"缺位的父亲、严厉的母亲"，这样的家庭氛围，让小蓓（女）感受到与父母之间的情感联结较少。而亲切随和、愿意更尊重她的姑姑在某种程度上承担了部分"好母亲"的角色。父母在小蓓的成长过程中较少关注其内心需求的部分，忽视其情绪和情感感受，这较大地影响了她的人际交往模式，"不爱出风头，比较低调"。这也使得小蓓在陌生的人

面前或环境里，安全感不足，害怕冒犯对方，产生情绪上的不安、行为上的拘束。在第二次访谈结束，被问及对两次访谈的感受时，小蓓觉得"爽"，并感觉"释放一下心里的东西"，因为有些事情跟别人是"很难谈的"。这反映出她的情绪长期没有得到回应后，对于能够倾诉自己并获得关注的欣喜。

依恋是人与人之间建立的双方互有的亲密感受以及互相给予温暖和支持的关系（彭聃龄，2004）。生命早期这种联结主要是在与父母互动的过程中形成的。以往研究发现，不安全的依恋风格对个体发展中的恐惧与焦虑有显著的预测作用（Kobak et al.，1991）。同时，与安全依恋的个体相比，不安全依恋的个体在人际关系方面难以恰到好处地自我调整，对他人存在消极期望，通常在人际沟通上比较困难（雷雳等，2001）。小蓓的经历充分说明了早期依恋关系对于个体人际关系发展的影响。父母与她之间的这种交往模式，在自我上形成了她回避情感需求和避免情感暴露的个性特点，无力培养和倾听自己内在的真实感受，不利于自我主导力发展。在人际关系上，过于担心他人想法或者说尚未在与亲子相处中习得如何与他人破冰、互动，使得小蓓难以形成和而不同的健康良好的人际交往模式，阻碍了自我主导力中人际关系维度的发展。

2. 强大的外部权威力量，造成内部动机的匮乏

小蓓：高中课上一般是老师来点名提问，很单方面，而且所有老师布置的作业量太大，就是不合理。还有就是父母一定要让你考多少名，也很不合理。

笔者：那不合理的话，你会跟他们交流吗？

小蓓：有交流。

笔者：结果呢？还是要求你考多少名？

小蓓：对。

笔者：你只能服从吗？

小蓓：我不服从也不拒绝，就当没发生过。我还是正常考试，不在乎。

"独立和依赖"是俄狄浦斯冲突中一个重要的主题（弗洛伊德，2011），也是小蓓一直以来面临的一大难题，她一方面十分渴望自由、找寻自我，不想做那个"被父母期待和定义的自己"；另一方面又无法立刻形成较好的自我同一性，在面对父母的要求（考出具体名次）时，出现既不服从也不拒绝更"不在乎"的状态。这种无所谓的态度也体现在高中课堂上，对于老师点名问问题，小蓓的反应是"反正我很少举手回答，所以点名就点名"。此外，面对父母提出的"高中不准谈恋爱"的需求，小蓓选择对父母隐瞒自己高二谈恋爱的事情，因为"告诉他们那不是找死吗"，这反映出在亲子关系中父母较为严厉权威，亲子缺乏温暖的交流互动。

小蓓在成长过程中，尤其在自我主导力发展水平比较低的阶段，过于强调在人际关系中的外部权威，忽视个体内部动机、感受和需求，会挤压自我成长的空间，抑制个体摆脱依赖和束缚的认知、动机和能力，阻碍个体走向独立的内部动机的培养。

（二）沉浸文化与植入文化冲突与协商下自我主导力的发展

1. 父母一贯的要求和期待，外部动机下学业上的身心俱疲

我感觉我现在做什么事都特别容易分散注意力。就那种神游的感觉，大脑一片空白，就特别痴。有可能（是因为）太累了，心也累，身体也累。

（当初）我想选的是经济与金融（专业），感觉未来发展也挺好的。但是我爸妈想让我学金融数学，说这个算基础学科，未来选择范围会更广一些。他们就不单是在考虑我上大学的事了，都在考虑我上研究生的事了。我最终还是遵从了我爸妈的要求，因为他们可能是对的。

虽然远离父母在苏州上大学，父母不能像以前一样控制她成长道路上的每个细节，但其父母依然没有选择抽身离开，而是继续以各种方式干涉她的生活。在孩子处于青春期的第二次个体分化阶段，有部分父母以"为了孩子好"为名义帮助孩子，使孩子在一生中一直维持孩子的角色，无法成长。个体感受到的无助感越强，分化水平越低。只有当父母尊重他们与孩子之间的界限时，孩子才会自主地成长，对自己负责任，并能够尊重与父母的边界（易春丽等，2004）。

小蓓在选专业的过程中，尽管有着自己内在的声音"想选经济与金融（专业）"，但在认知上认可了外部权威（父母），"因为他们可能是对的"，最终服从了外部权威，选择了父母倾向的金融数学专业。

在谈恋爱和未来发展的问题上，小蓓的父母曾经表示她在大学里可以谈恋爱，但"经过了大一上学期他们就改变看法了"，大一寒假时他们说"希望我大二再去谈恋爱"。原因是父母"可能有更高的期待"，希望她到一所特别好的学校攻读研究生。"他们就平常总是会提起来，说你这四年一定要努力，然后争取到好的大学读研究生。经常在谈话中突然就冒出这几句话。"但小蓓认为自己很难到特别知名的大学读研，因为"我就是表现很平淡的那种（人）"，更何况"本来那个目标也不是我定的"。

在外部权威（父母）的要求和期待下，小蓓丧失了许多培养内在声音的机会，内部动机未被激发，自我主导力也得不到训练和发展，在现实的层面，小蓓还是需要依赖外部的声音和力量做出相应的行动。这就不难理解，为什么小蓓在大学中很难找到那种自然而主动的学习状态，需要"自己逼自己"。小蓓认为"要让自己做出一些改变，一定要有一些刺激的事情"，第一学期期中考试考得很差，这就给了她很大的"刺激"。由于内部动机薄弱，尚未形成良好的自我同一性，在面对需要独立的环境时，小蓓会产生困惑、推脱或者自我降低要求等现象。"神游""大脑一片空白"只是她应对眼前矛盾的一种缓解焦虑的方式。小蓓需要强大的外部刺激，才能在被"推着走"的习惯下有所行动，这让她十分疲惫。

2. 逃离约束抑制的家庭氛围，来到自由自在的大学校园，自我意识逐步觉醒

上大学后我们家有一套房子租出去了，我特别伤心。因为我从小在那套房子长大，特别喜欢周围的环境，而且还有个好朋友也住在同一栋楼，然而现在没了，很伤心。之前（高中）放暑假、放寒假的时候，我总是一个人在这套房子里住，觉得自己一个人住很爽，可以随意安排自己吃饭时间、睡觉时间。然后找我朋友玩，骑骑自行车，觉得特别舒服。到了大学我有一种正常地活着的感受，（跟自己住那里）很像，所以我会很怀念那段时光。

小蓓舍不得房子被出租，主要是因为怀念那段时光。在那段基本不被管束的时间里，小蓓自由自在，可以不受外部声音的打扰，完全依从自己内心的需求和感受，自主安排自己的生活。这与大学里自由的环境非常一致，可以"自己想做什么就做什么"，不再是"人家强迫我做什么"，不再被要求"一定要在那个点睡觉"。虽然作业还是很多，但是可以"我自己来安排做作业的时间",小蓓积极性很高,也更加有效果,"如果像高中那样,就是强迫你上自习课,反而就没有什么积极性。就感觉是被逼着了"。

不难看出,由于大学之前在学校和家庭都受到较强的约束,小蓓总体处于被抑制的状态。她赋予那套被出租的房子更深层次的意义,那就是自由自在的象征。小蓓曾跟父母表达希望不要出租那套房子,然而她的声音未得到理解和尊重。所以对于房子的出租,小蓓表现得很伤心,这种情绪是一种反抗束缚和追求自由的另类表达。大学里,自由的文化氛围给她"一种正常地活着的感受",正是这种感受和体验,进一步鼓励小蓓倾听自我的声音并在行为上表现为跟父母表达自己的感受(希望父母不要将房子出租)。这在认知上丰富了她对于自由的理解,在自我上促进了她学会培养并倾听自己内在对于自主性的追求,在人际关系上使她学会跟父母主动表达。大学里自由的文化促进了小蓓自我主导力的发展,尤其是自我意识的觉醒。

3. 从灌输式教学到大学互动式课堂,在自由中发展自我主导力

以前,老师经常是一个星期就讲一节新课,然后剩下的就一直围绕它来深入地讲,是老师带着你。感觉现在上课像开火箭一样,尤其是数学课,我们半个学期就讲了200多页书,像飞一样,从来都没有复习课,这节课讲新课,下一节课还是讲新课,一直都是讲新课。

在上课节奏上,高中教师将一个知识体系"掰碎"成知识点,通过不断的练习辅导,灌输给课堂里的学生,节奏比较慢;而大学更多地强调知识的体系和框架,上课节奏快,具体细节的内容,需要学生课外花大量的时间自己消化。

高中英语课就纯粹是学英语，现在一上课就是你还可以跟那个外国老师聊天，你可以了解到不同的文化，感觉课堂就一下子有趣了很多。然后高中有些问题（老师会）点名起来回答，而大学里注重互动，锻炼口语和他人交流的能力。

在上课方式上，高中是教师讲、学生听，教师点名、学生回答；大学里互动的方式更多。在学习的内容上，高中纯粹学知识，大学除学知识外还能了解不同的文化。在学习效果上，大学能在学到知识的基础上，锻炼实际运用的能力，提高学习兴趣。

大学与高中的社团不一样，因为大学社团比较社会化，经常有赞助，社团资金也很多；高中的社团都是没有钱的，而且也没有这么多活动要搞，纯粹是（因为）一个爱好，聚集起来一帮人，然后一起去做这件事。但大学的社团实际上是在运营，（掌控）自主权（的）是学生，高中的社团就会有老师监管。所以高中社团没有办法完全按照自己的意愿去做一些活动，老师总会说什么，比如场地不允许，或者说有安全问题，又或者没钱，就是这样。但是大学社团有自己的资金，想做什么就做什么，感觉大学的社团学生方面的负责人责任感很强。

小蓓自己是西浦一个社团的副社长，参加过很多活动，也组织过一些活动。为了举办"社团迎新"活动，小蓓作为负责人，从策划到安排到最后呈现，前后忙了一个月，感觉"特别麻烦，特别伤脑筋"，整个过程"很复杂、很累"，不过结束后感觉"很轻松"，对个人成长有帮助，"至少让我有领导一件事情的经验"。大一寒假时，小蓓还参加了大学校园马拉松活动，"刚开始就特别兴奋，到中间开始有点累了，其间很绝望，一直在跑。最后又充满新希望，结束了特别有成就感。经过这次让我觉得，再怎么辛苦的事情都会过去的"。

访谈过程中，小蓓提出西浦强调"学生自治，学校服务与引导"。正是在这一理念的支持下，西浦的学生社团在运行中不会事事被监管，表现出真正的"社会化"，能够让学生有充分的自主权，增强学生责任感及其体验感，这样的模式会促进学生提高能力，促进自我的不断成长。首先，在认知层面，由于负责社团的相关运营与活动事宜，这使得小蓓不断对社团运营和活动组织进行思考，提高了她的认知能力。另外，没有外部权威（比如高中时代教师的角色）的过度监管，小蓓需要培养并按照自己内在的理解去判断形势，做出决定，这极大地激发了小蓓自我主导力在认知维度的发展潜力。在自我层面，丰富了小蓓的体验和感受，从"麻烦""伤脑筋""很复杂""很累""很轻松""很绝望""很有成就感"等可以体会到小蓓在参与或者组织活动过程中的心路历程。这些心理感受，与沉浸文化中通常被忽视、被压抑不同，它们没有受到任何压抑，能够自然地流露。在这一过程中，不仅锻炼了自己的能力，其心理感受、情绪流动和领导能力的提高也体现了小蓓自我维度的发展。

> 我感觉自己更像一个大人。平时生活都是靠自己，这就跟大人很像，然后一年也见不了几次家长。感觉独立性更强，比如前一个月，我妈就带着我外公外婆过来看我，他们想在附近顺便旅游，然后全部是我策划的，带着他们去玩，以前都是他们带着我玩。

在大学生活上，因为远离父母，小蓓需要自己打理自己的生活，"像一个大人"。从以前别人"带着我玩"到"我带着他们去玩"的转变，体现了小蓓更加独立，以及与家人之间角色发生着潜移默化的调整，这让小蓓体验到了自我价值感与内在自我的力量。另外，小蓓在大学期间因为生病需要去医院，当时她一个人去医院，还要挂号、排队，觉得"很辛苦"也"特别无助"，但自己解决了此事后，感觉很有"成就感"。

与父母物理距离的拉大，释放了小蓓曾经被严重挤压的成长空间。大学的植入文化也鼓励学生通过丰富的体验和反思来促进自我发展，给予了小蓓充分的机会和空间感受和发展自我。小蓓觉得自己"不那么依赖家庭"，觉得"自己是个大人"，是她内在自我层面对自己的肯定，是对自我能力和价值内在声音的训练和培养，也是她在处理与父母的关系时趋向于更加平等和健康的可喜转变，其自我主导力在此过程中取得了进步。

三 摆脱束缚，感受自我，发展自我

（一）沉浸文化对自我主导力发展的影响

1."望子成龙、望女成凤"的社会观念影响家庭教养模式，不利于个体自我发展

> 我家里人对我的期望非常可怕，就是考大学要清华、北大这种，还要出国读研。现在出国读研是比较正常的，但在当时留学的（人）感觉不是非常多，当时他们就觉得我一定要出国读研再回来工作。他们很想我去当官，从事外交官这种比较国际化的职业，觉得我以后应该成为一个非常成功的人。

"望子成龙、望女成凤""一代更比一代强"等传统观念在小凤（女）

的家庭中代际传递，通过祖父母影响父母，又由父母将自己成长中所熟悉的教养方式传递给自己女儿。小凤的父亲很在意自己"没能考上顶尖名校"，要摆脱农村人的身份，"出人头地"，就必须对自己要求严厉，也对她要求严厉。父亲这种"好面子"的心态，潜移默化地影响小凤的自我发展，即使她非常在意他人评价，缺乏自我价值感。维果茨基认为，在日常生活中，父母向孩子提供各种正式和非正式的指导，父母以成人指导的身份影响个体的问题解决能力（李悦和刘方英，2013）。通过这些指导，个体的认知能力才能超越现有水平向上发展。在小凤看来，"他们对我的期望非常可怕"，虽然她自己表示"没有什么压力"，但她慢慢形成了"受他人影响"的处事风格，性格敏感，十分在意他人看法。对外部权威（父母）带来的压力的"否认"成为小凤的自我保护和防御，她不想承认自己的确受到父母"高期望、严要求"的影响，这与父母所传递出的教养观念不无关系。萨提亚（2006）认为，孩子在成长过程中，会学会符合父母和社会的期待，他们的顺从是为了得到爱与认同。

2. 暴躁的父母、缺乏安全感的亲子关系阻碍自我发展

亲子关系影响个体的人际交往模式、认知方式，也影响个体的自我认同以及自我价值感的确立，进一步影响个体与他人的互动。父母的高期待与严要求导致小凤自我价值感薄弱，自我内在的声音比较微弱。另外，小凤小时候父母脾气都比较暴躁，母亲比较情绪化，让她无法形成良好的依恋关系和安全感。

　　以前觉得他们太强势了，说什么都感觉是他们在发指令，我在接收信息，跟他们讲话就比较少会说出一些让他们印象非常深刻的东西，都是他们让我印象深刻……小时候，真的觉得我爸妈都非常严，他们对我的期望非常可怕……那时候他们的工作压力是最大的，早出晚归，回家情绪也比较暴躁。我曾经还挨过打，我觉得我在女生中挨打的频率是比较高的。

可见，在小凤小学阶段，小凤的父母表现得更为严厉且有更多的惩罚行为，缺乏足够的温暖与理解，不善于回应和倾听孩子的声音，导致孩子自我价值感降低，这是一种亲密度低、控制度高的教养方式。Jenkins 和 Astington（1996）认为父母对孩子具有情绪性支持功能。家庭成员之间亲密度高能使孩子在家中感到温暖和安全，愿意与他人交流，并把这种积极情感扩展到社会交往中去。小凤在家庭中无法习得如何处理情绪，也不知如何与他人互动，以后难免会在人际交往上面临一定的困难。

母亲就是特别喜欢想东想西，脾气很容易变，遇到事情很容易迁怒，挺情绪化，她有时会对你发火，但冷静下来会立刻跟你道歉，在我很小的时候，她就这样对我。我觉得这不像个母亲，而像个小孩子。

家庭中不同的角色有着不同的定位。当母亲过早地把自我情绪发泄给孩子时，则造成了小凤的困扰和自我角色混乱，无法明确自己作为一个孩子应该有的状态。

我从小到大都比较注意别人对我的看法，总希望别人对我产生更好的印象，不要对我有什么不好的看法，（否则）我就不能容忍，有的时候心里一直有疙瘩，就很难受。特别是如果朋友对我有什么意见，我会更加难受，我就非常想去解开这个心结。可怕的就是一天都在想一件很小的事情……我大学以前人缘都特别好，因为我比较会选择别人爱听的话说，大家也基本上比较喜欢听。但是，这也给我带来很多不开心，因为其实我跟别人相处的时候，自己真的很压抑，我总是不想让别人不开心，然后就会透支我自己，实际上自己真的很不开心，但我还是要保持微笑，就是这种感觉。

"孩子是父母的缩影"，孩子对外界社会的反应与父母所提供的温暖和安全感分不开，孩子自身也会发展出一套依附父母的关系。通过依附，孩子从父母处获得温暖和安全感。孩子在面临新的情境时处理问题的方式在很大程度上与依附关系中的方式相似。小凤与母亲的关系在一定程度上是倒置的，有时候需要她来"倾听"和"照顾"母亲。这也让小凤在人际交往上偏向顺从对方，小心翼翼地与之相处，根据对方的特质去调整自己呈现的样子，因此在人际关系中耗能很大，需要时时刻刻去"表演"而不能做自己。因此，小凤在朋辈关系中也表现出一种服从性、被动性的受支配状态。此时，小凤的"自我"存在感较低，自我内在的声音比较弱，不仅被父母定义，也容易受朋辈影响，自我主导能力较弱。

3. 中学就像"寄存处"，从拒绝中学会重视自我感受

中学对小凤来说，感觉就像"寄存处"，学生们"被寄存在那里"，"时间太紧了，学习方法单一，思想被禁锢，难以产生新想法"，"老师在上面讲，学生在下面听"的权威式教学等特点，束缚个体自我认知的发展。客观环境压抑了小凤"每天想要一点不同"的"多元化"发展，也没有时间和空间去思考自我、表达自我。同时，在人生选择上小凤也更多受到外部环境的影响，"一开始想考顶尖名校"，有点受父亲的影响，"但其实我也不知道要什么，有点迷茫"，没有内心坚定的声音。正如埃里克森（2015）所言，在不同年龄阶段，个体的"自我认同"与"自我价值感"会以不同方式表现出来，它与个体所面临的发展危机息息相关。

此时，小凤在人际关系上面临着"很难拒绝他人"的重大挑战。就算

是有问题，"本质上也是我自己的问题"，这种内部归因的方式体现了一种自我反思，更多地体现小凤的自我价值感微弱。到了初中，小凤"开始寄宿"，在一定程度上远离了父母，同时，在学习压力下，她开始"考虑自身利益"，这可以说是学校环境为她的自我成长带来的契机。每一次开口拒绝别人的尝试，都可看作成长过程中的一个"危机"，同时也是打破原有平衡状态的新刺激。小凤产生内在的声音，自我意识觉醒。在青春期，那个"会内疚""（什么）都会答应别人"的"旧我""死去"，一个能够倾听自我内在的声音并敢于遵从内在声音的"新我"诞生了。个体开始打破被动服从的状态，学习拒绝他人、维护自身利益，开始重视自我的需要。

综上所述，在沉浸文化中，小凤的家庭教养方式、学校的教学压力等影响了她自我主导力的发展。虽然，小凤内心开始有不同的声音，但是稍显微弱，更多的还是易被他人（父母、朋辈）影响。

（二）沉浸文化与植入文化冲突与协商下自我主导力的发展

1. 从"寄存处"的高中到"没有围墙"的大学，多元包容中发展自我

小凤是一个"比较喜欢追逐新事物的人"，大学提供了足够的时间和空间让她产生新想法、追求新事物。在她的眼里，"大学跟初高中比，那是满满的差异（感）"。心理学家皮亚杰强调主客体相互作用，认为主体的发展是环境和个体相互作用的结果。来到西浦，小凤感觉"脱离了父母，更自由"，走出高中"封闭式的空间"，可以"随心所欲"。就如一柄"双刃剑"，大学为学生提供了更多的机会发展自我主导力，但同时也有更多的陷阱可能导致学生盲目从众、丧失自我。在这个过程中，需要主体与客体在互动中取得平衡，寻找自我发展的契机。

以前高中时期"在学业上，思想被禁锢，难以产生新想法；因为时间太紧了，我都没有来得及去想这些"。此外，在家庭里觉得父母太强势了，"说什么都感觉是他们在发指令，我在接收信息"。显然，中学阶段的"禁

锢"和家庭的"强势",挤压了小凤思考的时间和空间,在认知层面,小凤更多的是接收信息。按照她的理解,

> 如果说初高中是个寄存处的话,大学感觉是一个更加没有围墙的东西。大学更加自由,更加倾向于个人想法的表达,上大学之后,就可能更有时间,喜欢想一点东西。有的时候觉得人活在这世上,首先要明白自己存在于什么样的世界里面,然后再去想你到底要为这个世界带来点什么,而不是局限于你选了一个什么工作、买什么样的房子。

在认知层面,大学里的自由鼓励学生独立思考,鼓励学生表达个人的想法,丰富认知的视角,扩展认知的维度,有助于提高自我的包容性,这正是凯根(1999)所认为的意义建构的过程,即一个人的自我是在其个人思考社会和生活的意义的过程中不断得到发展的。在自我层面,大学促进了学生对于自己和与世界关系等人生观、世界观和价值观的思考。

大学在教学上,

> 不教具体的东西,而是给你国际化的视野,让你发现不同学科的美,让你对它感兴趣。其实很多东西都可以自学而成,手把手地去教你反而限制了你。大学更加倾向于开启一个学生对自己的探索,而不是给其灌输一个什么概念。

在学生管理上,

> 跟中学的那种死板当然不一样,没有什么约束你,在这种情况下,可以接触各种不一样的群体,这样我觉得其实还挺好。

这种鼓励学生探索知识和探索自我的教学方式和学生管理方式，促进了学生的成长。

自我空间的拓展以及独立性的提高，锻炼了小凤的自主生活能力，让她"自己独立完成一些事"，同时让她能够真实地感受自己的情绪、思考人生的意义，并坚定了她对人生的选择。

> 以前的人生还没有开始，因为你不能主宰，你不能真正决定什么，人生在这个时候才真正能体现改变的东西。从现在开始，你真的在选择一个未来，在你的思维更开阔的情况下，你的选择更多，当你面对着一个更加广阔的世界的时候，你会觉得好像真的可以主宰自己。

小凤在此时表现出十足的生命力，认为可以主宰自己，"人生才刚刚开始"，显得后劲十足。这些植入文化带来足够的空间和时间让她思考人生的选择，促进自我主导力的发展。

2. 从依恋到分离，父母"退后"一步，为个体自我成长腾出空间

在成长过程中，小凤曾一度受限于父母对她的控制和依恋。但一个人的自我是有边界的，自我边界是主观感知的外部界限，界限之内是自我，界限之外是非我（周爱保等，2012）。小凤逐步认识到自我边界的重要性，渴望能够做到自我与父母相对独立。

> （刚上大学时）他们责怪我，觉得我已经把他们忘了；然后他们给我打电话，一打就要打上一两个小时；他们非常想我，觉得我好像不需要他们了，就是那种非常心碎的感觉，特别是我妈，她非常伤心，每次跟我讲话的那个声音，我觉得她眼睛都红了。他们特别喜欢在微信上给我转发那些推送信息，那段时间发的都是什么孝啊，什么

子女和父母的关系，这种话题，好像隐隐地责备我。

青少年与父母的心理分离可以从情感分离、态度分离和行为分离三个维度来看，情感分离是指个体在与父母的关系中不再过多需要情感支持，态度分离是指个体具有独立的态度、价值观和信念，而行为分离则代表个体可以独立地进行决策和处理各种事务（许钟元，2015）。

进入大学后，小凤不断地明确与父母之间的界限，增强各自的独立性，这是自我发展过程中里程碑式的成就，因为确立边界就意味着减少依赖，实现情感、态度以及行为上的分离，而分离的意义在于进行新的自我认同，找寻更加自信、独立和完整的自我。小凤的父母因为现实距离拉大，逐步放松对孩子的依恋和控制，不再过度干涉她的生活，"他们现在也比较注重自己的生活，会跟朋友们一起出去旅游，到处去玩"。小凤和其父母逐步调整彼此间过度依赖的状态，并且建立了新的相对独立但依然彼此关爱的关系。

这是很好的，就感觉他们的世界不只有我了。如果每天都要求我给他们打个电话，对我也是一件很勉强的事情。希望他们能开始一种不一样的生活，就是属于他们自己的更加轻松的生活。我觉得对整个家庭都很有好处。

在沉浸文化中，父母超高的期待使小凤在人际关系中习得顺从的行为模式，因为这容易得到期待的爱与认同。并且在认知和自我发展上，难以表达自己的意见，个体自我价值感薄弱，缺乏自信。但是现在，因为接触的外部环境不同，父母的观念也发生变化。

我爸妈现在身边有很优秀的群体，他们探索的也不是什么"高大上"的领域，或者一定要多高的学历文凭，这也影响到我爸妈对我的期待吧。他们（我爸妈）也跟我一起，开始考虑我到底想做什么，而不是光看这个文凭。

父母从重视小凤的"学历文凭"、"出国留学"和"当外交官"等外在期待，转变为开始关注小凤内在的声音，在一定程度上减轻了小凤的外部压力，并且对她寻找自我发展方向提供支持。

3.从中学的压抑困扰到大学的自由开放，在孤独中反思人际相处模式

以前跟别人相处的时候，自己真的很压抑，我总是不想让别人不开心，然后就会透支我自己，实际上很不开心，可我还是要保持微笑，就是这种感觉。但是，我其实真的很不想这样，导致我一脱离高中立刻就缩成自己一个角，不想跟别人讲话，感觉这样会脱离很多不必要的麻烦。其实我的想法很简单，如果人和人交往会给我造成这么大的困扰的话，为什么我还继续？虽然我对人际交往好像还挺在行的，但是有的时候这真的会给我带来一些很不好、很不开心的感觉，我从小到大都是这样。我遇到的朋友都是很厉害又很强势的那种，然后我会比较顺从他们，我有的时候非常压抑，因为他们都很强势，太强势了。

小凤在人际关系上表现出主从型的人际特点，即一方处于支配、另一方处于被支配或者服从的地位，并且自己在一段时间里处于从属地位（侯玉波，2015）。小凤的人际交往能力没有问题，但她总是"自我归因"，带有"潜在内疚感"、"讨好"他人的人际模式令她感到精神耗竭。入学的自由和开放"开启一个学生对自己的探索"，使得她有更大的空间来"开始思考自己到底是想做什么"，同时让她有机会重新审视自我、人际关系以

及两者之间的关系，让她有机会慢慢关注自我的情绪感受，调整人际距离让自己觉得舒适，"缩成自己一个角"，安静和放心地舔着自己的伤口，独自疗伤，恢复消耗的元气，尊重自我的内在感受，建立自我，发展自我。

四　小结

小新、小蓓、小凤显示出自我主导力的基础水平比较低，但是加速成长的状态。三位学生大学前的自我主导力水平总体处于晚期外部主导阶段的 Ec 水平，其特点是依靠外部资源但认识到此方式的缺点。进入大学后，在大一学年结束时其自我主导力水平有两个节点的提升：总体处于内外交替阶段 E-I 水平，开始建构内在的声音，也就是说他们从入学前的依靠外部权威发展到开始主动倾听内在的声音的阶段。小新、小蓓、小凤自我主导力水平变化如图3-6所示。

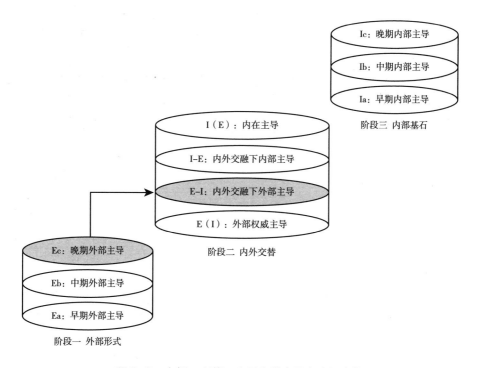

图 3-6　小新、小蓓、小凤自我主导力水平变化

（一）影响小新的自我主导力发展因素及机制概述

沉浸文化对小新自我主导力发展的影响机制如图 3-7 所示。

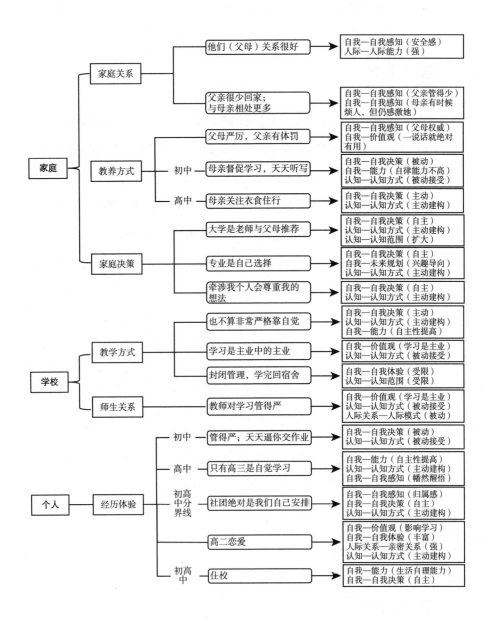

图 3-7　沉浸文化对自我主导力发展的影响机制（小新）

（1）小新的父母是比较传统的"严父慈母"，在生活上对其关爱多，对其学习"抓得非常紧"，使其表面上形成了"随性"不反抗，实际上自我主导力缺乏发展空间、内心期待自由的状态。

（2）小新的初中管理非常严格，进入高中后"学校方面相对宽松"，由于住校"我妈在学习方面管得少了，她就更多管衣食住行"。在这种相对宽松的环境中，有了更多自主体验的机会，其自我主导力有所发展。

沉浸文化与植入文化的冲突与协商对小新自我主导力发展的影响机制如图3-8所示。

（1）进入大学，小新感觉"既宽松又紧张"。大学提供了更为自由和富有挑战的空间，对个体的自主性要求也更高，这促进了他与环境的互动，使其"人际交往能力有点提升"，丰富了其内在认知体系。

（2）大学的社团能"走出学校""更开放了"。相对于学校硬性分配的班集体和同学，根据兴趣爱好组建的社团的成员交往更平等；社团自治也能更好地激发内部动机，丰富个体的认知，拓宽人际交往范围。

（3）进入大学后，父母对亲子分离接受得比较好，对小新的自我成长表现出足够的尊重，在"真正牵涉我个人的问题，他们更多考虑我的想法"，使其在面对抉择或挑战时，能够倾听其内在的声音，培养自我主导力。

（4）小新从"大学开始抽烟"，认为自己"是属于比较合群的""不想太脱群"，体现出此时其自我主导力受外部规则主导。但是，数学成绩不理想对他产生了刺激，促进其进行自我反思和做出相应的自主行为，说明内在力量在增长，自我主导力有所提高。

沉浸文化对植入文化的潜在影响路径如图3-9所示。小新高三幡然醒悟后调整到自主学习状态，有助于他适应大学的教育模式，能够在课堂上、在相对自由的环境中主动学习。

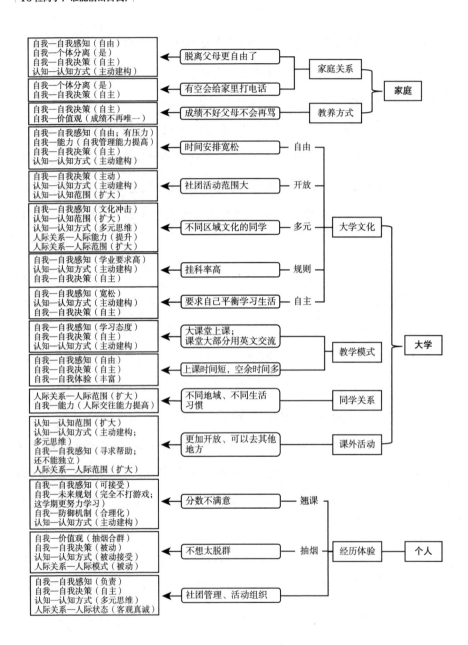

图 3-8　沉浸文化与植入文化的冲突与协商对自我主导力发展的影响机制（小新）

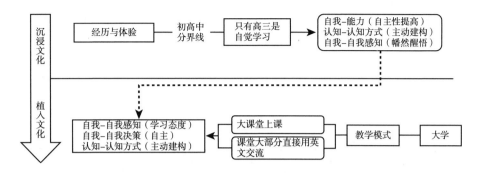

图 3-9　沉浸文化对植入文化的潜在影响路径（小新）

（二）影响小蓓的自我主导力发展因素及机制概述

沉浸文化对小蓓自我主导力发展的影响机制如图 3-10 所示。

（1）"缺位的父亲、严厉的母亲"，这样的家庭氛围，让小蓓感受到与父母之间的情感联结较少，这影响了小蓓的人际关系模式，造成了小蓓回避情感需求和避免情感暴露的个性特征。

（2）针对父母在学业上的高要求以及学校在学业上的严格管理，小蓓采取的是"不服从、不拒绝、不在乎"的策略。这反映的是亲子关系、师生关系不平等下小蓓感受和需求被忽视。

沉浸文化与植入文化的冲突与协商对小蓓自我主导力发展的影响机制如图 3-11 所示。

（1）小蓓在选专业的过程中，尽管有自己的声音，但依然选择父母倾向选择的专业。在这种背景下，小蓓进入大学后缺乏学习的内部动机，在矛盾中感到身心俱疲，渐渐理解自我内在的声音的重要。

（2）小蓓大学前在学校和家里都受到较强的约束，处于被抑制的状态。大学的自由使她"有一种正常地活着的感受"，这种感受和体验使她可以跟父母表达自己的感受，表现了她自我意识的觉醒。

（3）在大学生活中，因为远离父母以及西浦在学习、社团活动等各方面对自治的要求，小蓓觉得自己"像个大人"，体验到了自我价值感。

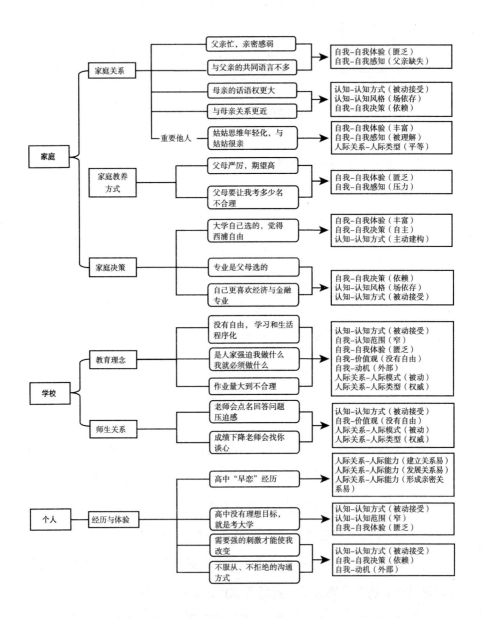

图3-10 沉浸文化对自我主导力发展的影响机制（小蓓）

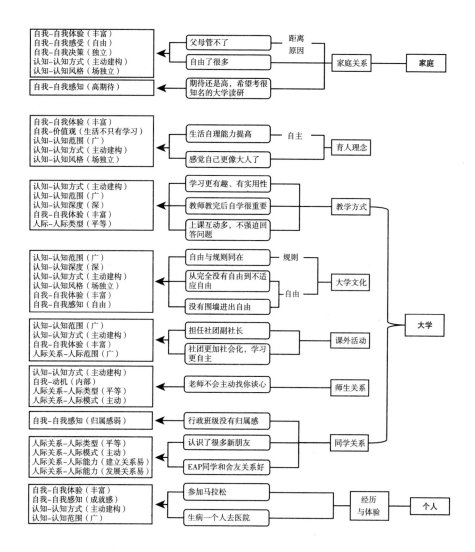

图 3-11　沉浸文化与植入文化的冲突与协商对自我主导力发展的影响机制（小蓓）

（三）影响小凤的自我主导力发展因素及机制概述

沉浸文化对小凤自我主导力发展的影响机制如图 3-12 所示。

（1）家庭具有强烈的"望子成龙、望女成凤"愿望，对小凤的"期望非常可怕"，这导致她慢慢形成了"受他人影响"的性格，十分在意他人的看法，自我价值感弱，缺乏自信。

（2）小凤小时候，她父母都"比较暴躁"，情绪化的父母让她无法形成良好的依恋关系和安全感，不利于其人际关系的发展。

（3）中学就像"寄存处"，自己被父母安排，没有时间和空间去思考自我、表达自我。初中时，由于"住校"，远离了父母，小凤内在声音产生、自我意识觉醒，开始改变被动服从的状态，学会拒绝他人，重视自我的需要。

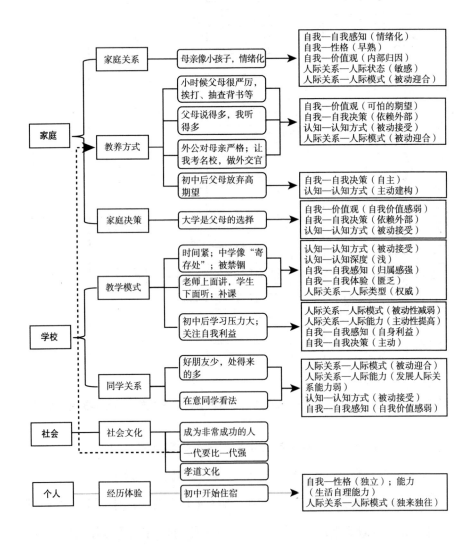

图 3-12 沉浸文化对自我主导力发展的影响机制（小凤）

沉浸文化与植入文化的冲突与协商对小凤自我主导力发展的影响机制如图 3-13 所示。

（1）高中时期，小凤"在学业上，思想被禁锢，难以产生新想法"。在家庭里觉得父母太强势了。而大学"让自己独立完成一些事"，她觉得"人生才刚刚开始"，充满期待。

（2）在成长过程中，小凤一度受限于父母对她的控制和依恋。大学后，她的父母逐步放松控制，从重视学历文凭、当外交官等外在期待

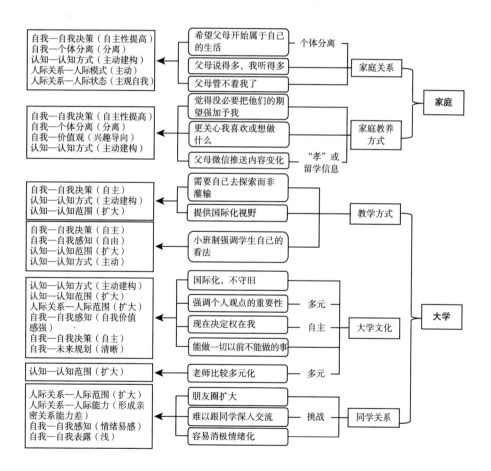

图 3-13　沉浸文化与植入文化的冲突与协商对自我主导力发展的影响机制（小凤）

开始转变。父母在行为上的抽离，留给小凤更大的空间和时间来寻找自我。

（3）大学前，小凤在人际关系上"总是不想让别人不开心"，导致"自己真的很压抑"。大学的自由和开放使她有更大的空间来"开始思考自己到底是想做什么"，同时有机会重新审视自我、人际关系以及两者之间的关系。

第三节　高开低走

一　艰难协商，逐步突破

（一）沉浸文化对自我主导力发展的影响

1. 挑战与支持并存的家庭环境，在"放"与"管"的艰难协商中，缓慢突破，寻找自我

　　我的家庭已经经过了一次阶层的提升。我爸觉得，每个人都会固于他那个阶层的见识，所以他觉得有必要去提升，去打破这个阶层固有的限制，他希望我也能够突破一下。

　　小升（男）的家庭属于典型的严父慈母型家庭。他的父亲通过自己的努力，实现了家庭"一次阶层的提升"，这种成功经历使得父亲认为有必要去提升和打破现有的阶层。也正因如此，小升的父亲对他寄予了较高的期望，对他既严于要求，"如果我做了很不成熟的事情，他们都会教训我"，又对他的自我成长给予空间，放手让其体验。小升的母亲对其体现出过于紧密的依恋，在生活上无微不至地关怀，在情感上全心全意地投入，在他未来的发展上舍不得"放"他出去。

　　在认知发展上，

　　我爸对我关于（获取）知识这方面的影响比较大，因为他本身就是一个知识比较广博的人，能够带动我，他喜欢看书，所以我会去读他书架上的书。同时我也对读书产生了兴趣，我会自己去找书看。

父亲广博的知识和良好的阅读习惯潜移默化地影响着小升，他也因此喜欢读书，善于思考，做到"与前辈在典籍中对话"，这有效地培养了他反思的能力，对他的认知能力的提高和认知维度的拓展有积极的帮助。

在自我发展上，关于选择大学：

> 我爸是比较支持我来西浦的，我妈则希望我规规矩矩，或者就走她的道路（体制内比较安稳），让我不要走上一条在她眼里未知的道路，但我爸是比较想让我出去长见识。最后我妈也妥协了，向我爸妥协。因为不管最后怎样，西浦能够让你增长见识，视野也会开阔。

关于读研深造，

> 她（妈妈）觉得读研究生可以选择去（中国）香港或者新加坡，尤其是（中国）香港，因为离家近，最重要的是，她方便看我。

关于生活能力，为了让小升更好地适应即将到来的大学生活，小升的父亲提出要把他作为一个成年人看待，"所以高考后那两个月基本上我是自己做饭，然后一切都自己来。这是我爸的一个远见吧"。

小升从母亲那里获得了较多生活和情感上的关怀与支持，但这也成为他与母亲的分离、走向自我独立的束缚。在父亲偏向于"放"、母亲倾向于"管"的不同教养观念和行为中，小升开始思考有关"分离——一体化"的命题，逐渐远离父母，减少对父母的依赖，锻炼独立自主能力。良好的亲子关系为个体探索自我和外部世界提供了安全基地，在帮助个体面对挑战、完成自我同一性发展任务时起到了重要的支持作用。

2. 外部力量影响自我认知体系，促进自省自信性格的养成

小升的父亲热爱读书，受其影响，小升也养成了阅读的爱好及多思考的习惯，小升说，

学习知识肯定是一方面，还有思考吧，就是要体悟到其中的思想、精神……你看到前人的成果，你就会感觉到这位前辈做学问的时候，是（采用）一种怎样的态度方法，然后你从中可以跟他神交。

良好的阅读习惯有效地训练了小升反思的能力，对他认知能力的提高和认知维度的拓展有积极的作用，使他形成了批判性思维和认识世界的多维视角。

（通过）批判性思考会不断地使自己更新想法，因为知道自己这个年纪还没有完全形成价值观，很容易被其他的因素改变，所以这个阶段我觉得就是要吸收多元的看法。

这样一种善于反思的能力的养成和在此基础上自我认知的拓展，有利于小升对于个人经历的意义建构，为自我主导力的发展奠定认知基础。比如，高二时放弃打游戏，是因为他意识到，

感觉每天好像被控制了一下，面对的东西不是我想要的生活，后来我发现玩游戏荒废了我几年，之后我就有意识捡起那些书籍，自觉地不玩或少玩游戏了。高中认识的一位厉害的同学，他在模拟联合国（以下简称"模联"）叱咤风云，这比较触动我，我觉得是时候提升一下自己了。

小升在基础教育过程中受到良好关注与期待的经历，也帮助其形成了自信的性格特点（刘建军，2010）。

> 因为一些平常的事情，比如作文好受到表扬，后来（我）又发掘了一些其他才能，慢慢地敢于表现自己。就是当你多多尝试，挑战越大舞台之后，你就越自信，失利也不会把你打败了。

（二）沉浸文化与植入文化冲突与协商下自我主导力的发展

1. 校园文化从高压到"开放"的转变，促进自律意识和能力的发展

> 当你无法约束自己（时），你必须在高压下才能够激发出潜力，就是高三的那种模式。但是来到西浦，一切时间都是你自己把握，这就造成了越自律的人，越能够成功，他能够充分地发挥西浦这个平台的优势往上飞。但是，如果你是一个非常缺乏自律能力的人，那么你（可能）就会堕落。所以这就是我的底线或者原则，我一定不能放纵自己，因为我知道我来这个学校是有很多事情要做的。

在自我认知上，小升"把自己作为成年人来看待"，认为"（成年人）需要承担相应的责任与义务。肯定要成为更好的自己，就不能让父母失望"。这种"年轻的成年人"的自我认知和"不能混日子"的校园文化，促进小升形成了良好的自律意识和能力。在学业上从不拖延，"我不是那种会在 Deadline（截止日期）当天交作业（的人），我一般提前三天就会交"，在时间管理上很有规划性。在西浦文化中，尤其强调"年轻的成年人"，强调学生的主动性、独立性和自我规划性，这种植入文化对"怀揣理想"

的小升来说比较适合，在自律方面做得"比较好"。

2. 在程序化与自主性的艰难协商中，不断提升自主性和时间管理能力

因为上大学之前，你的一切生活都是按部就班的，尤其是高三，基本上是程序化的，你只要按照那个程序做就行了。但是来到西浦，一切都是自由的，你要自己去（做）Time Management（时间管理）。这也是我们校长经常谈到的词，他在各种演讲中会提到这个词，其实刚开始听的时候，你（可能）会感觉就是泛泛而谈，但是当你真正融入这个生活（环境）以后，你会发现这几个词确实是需要考虑的东西。

西浦的植入文化提供的新平台促进了小升对于时间管理的体验和理解，使他养成了良好的习惯，"就是我做一件事的时候会想，以后几天我要干什么，在脑子里有一个这样的安排。我比较讨厌那种突然发生的意外状况"。强调学生独立自主的校园文化犹如一面镜子，让小升对沉浸文化中"按部就班"和"程序化"的被动安排进行了鲜明对比，体验到在植入文化中需要自己"主动安排"的具体内涵，在实践中发展自我主导力。

3. 在控制与分离的协商中，实现亲子关系从依附到独立的转变

因为前十几年和爸妈一直朝夕相处，（我）突然离开的话，我妈这边肯定会觉得少了一个人。一开始我走那几天她都哭了，而且我那个房间一直都是我在住，（我妈）一进去就会哭。但是后来也习惯了，渐渐习惯了这种相处方式，有时候两个人（爸妈）也会找个地方去走一走、玩一玩之类，我觉得这样也挺好。

小升的母亲在情感上对孩子很依赖，当他进入大学时，母亲面对分离的反应非常强烈，小升觉察到了母亲情感上的依赖与不舍，并且进行安慰，"我基本上会跟我妈打电话联系，跟我爸有时候就微信上直接说了""跟我妈联系得也比较多，因为她比较挂念我，我妈听到我的声音会安心一点""她肯定有些舍不得，刚开始打电话就会一直聊，抱着电话不撒手"。但是这种情感的高依赖，在强调独立自主的植入文化环境中，渐渐给小升带来了苦恼。

苦恼中的小升，也在思考这种高依赖对于自己未来的独立以及与父母关系的影响，他主动提出了一些改进的方法并付诸实践。尽管刚开始时其与家庭的分离尤为缓慢，"跟我妈约好几天打一次电话，这样她就不用打给我了"，但随着时间的推移和由于现实距离较远的因素，小升慢慢获得了相对独立的自我空间。

大一伊始，关于选择读研深造，"我如果能考到 G5（英国五大超级名校）的话肯定偏向 G5，但如果我妈强烈要求的话，我还是会听从她的意见"。大一快结束时，小升"已经改变原来的想法，因为了解了更多的知识，我发现这方面还是美国会好一点"，如果母亲有不同意见，"反正还早，那我就慢慢沟通，但是我已经表达过这种意愿。长此以往，她（母亲）接收各种信息之后，可能也会改变观念"。从被动服从到主动表达和努力争取，可以看出小升能够更加自主地把握自己的未来。

现在寒假回去，感觉我妈状态好很多，可能是习惯了吧。他们迟早也要适应这种生活，以后也不太可能一起住。

母亲从高度依恋到"退后"一步，这一步"后退"也成就了小升的"海阔天空"，为小升的自我探索提供了宝贵的思考的空间。发展"自主性"或者完成"分离—个体化"过程通常也被认为是青少年及大学生最重要的发展任务之一，自主性发展的水平对其当下和未来的适应与发展至关重要。亲子关系的调整是自主性发展的必要条件，也就是说，自主性的发展在一定程度上以亲子联结的削弱为代价。从这个角度看，亲子间的过度依恋会束缚"独立自我"的发展，阻碍个体自我主导力的发展。

4. 课程学习方式从被动接受转变为主动体验，让个体更有机会认识自我、倾听自我

> 高中还是比较偏向做题，一点内容训练很多次，所以整个知识点的教学也是循序渐进，比较慢的；但是到大学知识点就过得特别快。另外，不像高中那样死板，死记硬背，而是让你多思考、多感受不同的观点和文化。

在课程学习上，从死记硬背和被动接受转变为互动的课堂体验，让小升对语言及其他课程产生了兴趣。在这种以兴趣为内部动力的支持下，小升在大学第一学年积极投入，在学业成绩上表现突出。兴趣是自我主导力自我维度中特别重要的一个属性，既体现出自我的内部动机，也是回答"我是谁"的核心体现（罗丽芳，2013）。在课外活动上，大学秉承"学生自治，学校引导与服务"的理念，支持学生自我主导力的发展。在"圣诞嘉年华"的学生会活动中，小升"作为操盘手，从筹备到最后举办，一个多月全程参与，活动办得很成功，挺有成就感"。这一工作经历对小升非常重要，因为"真正组织了一场活动，也学到了管理上面的经验"。

在自我维度上，小升认识到自己有点优柔寡断，不太适合当领导者，尽管希望自己的管理能力进一步提高。"比如说，给我一个物品的清单，让我说哪个要去掉，我觉得都可以，但是作为一个 Leader（领导者）我不能这么随便，我最后还是会很快就答复他们，但是做久了觉得这样一直让

我做决定很累"。这种在学生会工作的经历给小升带来了强烈的情绪感受，这样的感受是自我性格上的真实反馈。

在认知维度上，小升认为需要"不停地跟人碰撞，从而达到改变"。这是小升通过对切身经历的反思认识到的。小升曾经在不了解真相的情况下，就相信了部分同学对某件事情的看法，后来身边有人提出不同的看法，让其深受震动，"不愧是西浦，大家能够表达出这么多不同观点"。这个经历让小升认识到"不同声音"的重要性。

5. 从单一紧密到多元发散，人际关系在协商中发展

高中跟同学的相处模式是比较简单的，比较单一，大家就是学习，然后周末出去玩之类。但是上大学之后你的人际关系突然就发散了，你要去跟各种人打交道，然后你就要去协调你的人际关系……有一次在宿舍吵起来了，那个同学他要晒自己的衣服，就把我们还没干的全部撤下来，也没有放在盆子里，（而是）放在我们的凳子上，然后我们一坐下去裤子湿了。我当时挺恼火的，就吵了几句，后来大家就这件事聊了一下，约法三章，告诉他不应该这么做，现在（大家关系）都还挺好。

小升的高中是以学业为主，跟同学的相处模式比较简单、单一，但是上大学之后明显觉得人际关系突然发生变化。在朋辈关系上，难以体验到像初高中那样亲密的朋辈人际关系，并且不得不面对更为多样的人际关系，但是小升觉得自己在"人际关系处理能力方面得到了提升"。这主要是因为西浦的植入文化为他提供了更为多元的人际交往环境，人际关系的性质和内容都变得更加复杂，为其理解和建立新的协调的人际关系提供了良好的土壤。此外，小升还会筛选一些自己觉得比较厉害的人，并跟其保

持更多联系，为自我发展创造条件。值得注意的是，"你面对这种能力明显比你高很多的人，或者阶层地位很高的人（比如，家里背景很厉害的同学）刚开始会有那种微妙的心情，但是熟了之后，大家也不会去顾及这些东西，因为不是说我差到需要仰望你的地步，没有那种巨大的心理落差"。小升能够建立基于自信而不是所谓"能力""阶层"比较的人际关系，是他在人际关系维度上成熟的表现。

在师生关系上，小升感受到更为平等独立的人际关系模式，以及教师支持学生自治的文化氛围。"西浦的老师们还是挺好的，他们会提出一些很有建设性的意见。我们觉得挺有道理，他们有时也过来为我们的活动捧场。"

在与父母的关系上，出于物理距离等原因，小升有空间思考这种关系，尤其是调整以前与母亲高度依赖的关系，彼此开始有"边界"，不再像以前一样受到母亲的干涉，他"觉得这样挺好"。在亲密关系上，小升来到大学谈了恋爱，感觉彼此是"比较搭调的人，会互相尊重"；父母也认为到了大学里"该有一些这方面的经历，就是说不要强求，来了也不要逃避"。显然，从大学前的单一紧密到大学里的多元发散，让小升在人际关系维度上体验得更多、反思得更多、成长得更多。研究发现，具有安全型依恋的个体拥有被爱和被支持的经历，认为自己是有价值的，倾向于和重要他人建立友好的关系，对自我和他人都怀有信心，认为自己有能力料理好个人的生活事务，善于用建设性的方式来处理人际问题（马道伟，2012），从而为自我主导力的发展奠定良好的人际基础。

二　忠诚与背叛

（一）沉浸文化对自我主导力发展的影响

1."谁都不能少"，紧密依赖的家庭关系，阻碍人际关系的发展

> 我妈很能干，很多事情都想得很周到，家里的好多事都是她来做。我觉得爸爸很幽默，很爱我们这个家。小时候因为我爸工作比较忙，陪我的时间比较少，所以相比之下我跟我妈的关系会更好一点。

小橙（女）的家庭关系非常亲密，她形容家里"谁都不能少"，母女关系尤其紧密。她认为父亲"幽默""爱家"，母亲"能干""周到"，表现出小橙的家庭为其提供了充足的爱与安全感。

相较于父亲工作忙，父女相处时间少，小橙跟母亲沟通很多，甚至每天穿什么衣服都需要问母亲。正如她所说："我妈从小会给我一些建议，或者帮我做一些安排。我觉得长大了也应该这样，可能就是习惯了。西浦高考志愿填报（学校）也是她去听宣讲会知道的，觉得挺好，然后让我选这个。"在人际关系维度上，因为与父母的亲近，小橙没有那么多时间、精力以及意愿去发展其他的人际关系，比如跟舍友或者社团成员、班级同学等，使其人际交往匮乏，导致人际范围狭窄、人际交往能力有限。值得注意的是，小橙的母亲不爱社交，她将大部分的时间用来陪伴孩子，与其建立了非常亲密的联系，"我妈不喜欢出去跟朋友交际……我前20年的生活，大多数的时间都是跟她在一起，对她的依赖更大一点"。母亲作为重要他人与其在人际关系上的相处模式也影响了小橙朋辈关系的建立，比如因为很难体验到像母女般如此亲密的关系，小橙在人际关系建立上秉

承"宁缺毋滥"的态度，很难拓展人际圈。另外，因为有事可以跟母亲聊，所以"没有亲密的朋友也没有关系"，进一步弱化了其对人际关系的需求。

这种亲密的家庭关系对自我主导力的发展产生了重要影响。在认知维度上，小橙对父母尤其是母亲高度认同，内化了很多母亲的观点，"在我的印象当中，好像没有跟爸妈产生过矛盾，他们不愿意的事，我也不喜欢做，说不太清楚，相处到现在，并没有什么矛盾"。在自我维度上，父母过多地参与会减少甚至剥夺小橙自我决定或者自我体验的机会，导致她很难在实践过程中感受自我、发展自我，在需要独立面对新环境时她往往依赖外部的支持，难以培养内在的声音和力量，自我维度发展较为缓慢甚至受到阻碍。家庭关系的过度紧密易变成家庭成员之间的"纠缠"，即一种极端亲密和强烈的形式，在这样的家庭关系中，家庭成员过分地关心和陷入彼此的生活之中，将导致彼此边界模糊，以至于个体放弃自主性，并且几乎不愿意走出家庭的安全范围去探索、发展（Goldenberg，2005）。小橙的家庭关系虽然并未发展到如此严重的境地，但她与母亲之间的关系趋于"纠缠"，阻碍了她个体的发展。

2. 应试教育模式，外部权威力量强大，造成个体患得患失的性格

初中第一次考试的时候我是比较自信的，但是考试（成绩）出来之后发现自己因为粗心错了很多题。我觉得从那时候开始，考试之前我就会一直很担心，害怕我的疏忽导致考试结果不好，我觉得这应该是最主要的原因，让我害怕考试。

沉浸文化的教育环境过于关注学生的成绩，逐渐造成了小橙对考试结

果过度关注以及相应的焦虑心态。这对小橙自我主导力的自我维度产生了
影响，使她形成了患得患失的性格，也使她片面追求学业表现，忽视其他
方面的感受与发展。另外，在认知发展上，这种个性也潜在地影响了小橙
之后的学业发展与表现，当她走出以高考为中心的学习环境，进入要求自
主学习的大学时，她依然习惯应试教育模式，对于考试感到异常的苦恼和
担心，"就不知道该怎么考试，不知道题型，（感觉）心里很虚。因为考试
已经贯穿了我整个学期，我时时刻刻都关注着考试"。

3. 社会文化的权威力量，抑制个体产生或倾听内在的声音

> 我担心我的问题让同学觉得太愚蠢了，就会笑我，虽然我知道那
> 种笑不代表什么，（但是）就觉得心里不舒服。

大学之前在学习上如果遇到问题，小橙"可能会更倾向于下课问"，
因为担心课堂提问被别人取笑，担心别人认为她愚蠢。从社会心理学角度
来看，"面子"说的是个体在社会上由于有所成就而获得的声望或者某种社
会地位；而所谓的"面子功夫"即指故意做出某种行为从而期望他人对自
己产生某种特定的印象。小橙不敢去表达，是担心万一表达得不好而影响
自己在他人心中的形象或地位，这是因为她从小没有被鼓励表达或表达并
没有得到接纳造成了她的自卑与担心。这种怕丢面子的心理阻碍了小橙自
我主导力的发展。在自我维度上，不能流畅地表达自我，自我的情绪受到
严重的压抑，自我的感受受到隔离，这往往会造成个体不够自信。前文提
及小橙患得患失的性格显示出她不够自信，容易受到外部因素的影响，不
能在复杂的环境中倾听自己内在的声音。在认知维度上，因为她不能很好
地与教师和其他学生沟通交流，往往在课堂上形成了老师讲、学生听的被
动接受的状态，这阻碍了她在课堂上的积极思考，忽视了自己对教师讲授

知识的互动反馈、意义构建。

（二）沉浸文化与植入文化冲突与协商下自我主导力的发展

1. 亲子关系从亲密到分离的协商中，支持孩子自主探索

> 我爸一直会说女孩子不要太辛苦，他其实不喜欢我来这所学校，他觉得太远了。我爸就希望我留在他身边，如果我生病了他能照顾我。因为我小时候身体就不太好，他不希望我出去。

孩子离开家庭进入大学，原来的家庭结构发生变化（如，从三口之家暂时变为二人世界），家庭成员面临适应新环境的问题。小橙的父亲不希望女儿太辛苦，上学不要离他太远，方便自己照顾她，但女儿自身却对新生活充满探索的期待，"我想告诉他我长大了，我有能力照顾自己"，这成为父女之间较大的一个"分歧"。一方面，我们能够看到父女关系比较亲近，父亲对女儿"爱之深""关之切"；但另一方面，这也束缚了小橙向外探索的自由，不利于她的独立与成长。相较于父亲的"留"，与女儿情感上更为亲近的母亲选择了"放"。

> 我妈也不是说不想（让我留在她身边），但是她觉得我（来到西浦）能学到一些不同的本领，还能培养一下我的能力。

来自母亲的支持让小橙得以离开温暖、熟悉的沉浸文化进入新环境自主探索，开始独立，从而促进自我主导力的发展。

> 我很想出去看一看，因为一直以来我对外面的世界的了解都仅限于电视、电影、新闻。我觉得学校给我提供了一次很好的机会能

让我出去，我为什么不去试一试呢？虽然我的老师也说了很多……但我觉得可能自己对出去看一看的欲望更加强烈一点。

进入大学初期，小橙的内心似乎仍旧"滞留"在家庭中。她还是会将大部分的情感投注在母亲身上，在生活琐事上事无巨细地与母亲分享，而当遇到生活挫折（如手被烫伤）的时候更是只愿向母亲倾诉和求助等，这些是她"忠实"于母女关系而"拒绝"发展新的人际关系的信号。随着在西浦学习的推进，小橙对自我感受的关注逐渐增多，也更加了解自己。从访谈中可以看到，小橙在独立的"十字路口"努力着，不管从行为上，还是从认知上，都在努力地适应新环境，并且积极思考如何利用新环境中的资源。当被问及是否"想要2+2去利物浦"时，小橙坚定地表示"想出去看一看，我从来没有出过国，就是这（里）有一次机会可以出去学习学习"，这些都表明了小橙与家庭分离、向外探索的态度。

值得关注的是，虽然小橙的家庭亲密度很高，但是其父母并没有一味地溺爱孩子，以情感要挟的方式将孩子留在自己的身边，在这种情感的矛盾中，在孩子需要独立面对世界时，他们最终选择给予其足够的情感支持，支持孩子去探索世界、发展自我。而当父母越信任、鼓励子女时，越有助于子女更好地适应大学生活（潘朝霞和李玲，2013）。

这种从"留"到"走"的变化促进了小橙自我主导力的发展。在与父母的关系上，这种变化体现为趋向于独立平等和相互支持的亲子关系，不再处于一种"帮我做一些安排"的被动关系中，这更大地促进了自我维度发展。正是在亲子关系的转变中，小橙得以倾听内在的声音，"对出去看一看的欲望更加强烈一点"，有信心和安全感能够与家庭分离、向外探索。

2.教育模式上从被动接受到平等互动的转变，促进个体进行意义建构

MAS01（课程名称）课堂上有很多外国人，那个座位是随便坐的，老师要求小组讨论，课堂互动，我觉得最明显的就是，国外学生更积极一点。在英语课上，外国老师就非常鼓励我们，（如果）你有不同观点，就可以打断对方。可能出于各个地方的（文化）差异，中国学生更希望听老师讲，然而国外老师可能更希望听同学表达自己的观点。

从访谈中我们看到植入文化与沉浸文化存在较大的差异，这主要体现在师生关系、授课方式和学习目标上。在师生关系上，大学教师不只是传道授业解惑的角色，更多扮演组织者和促进者的角色，鼓励学生在课堂上表达自我；在授课方式上，不再是传统的"一言堂"的讲课方式，更多的是师生之间的讨论和互动；在学习目标上，也不拘泥于学习课本知识，更多的是培养学生形成独立的思维和自己的观点，注意实用性、灵活性。比如，小橙对大学英语学习的体会是"觉得英语是一种工具，用来表达自己的观点，表达自己的情感"。这种学习理念，在人际关系维度上，有助于小橙从遵从外部权威转变为建立平等的师生关系；在认知维度上，促进了多元观点的碰撞和独立思维能力的提高，尤其促进了小橙反思能力的提高；在自我维度上，支持了小橙培养和听从内在的声音。此外，老师鼓励有不同观点就"打断对方"，与小橙过往的认知"打断别人说话是不礼貌"存在冲突，这一植入文化改变了小橙对课堂对话模式的认知；也让小橙习得了对自我内在的声音的倾听，即时表达、敢于表述。

我觉得高中和大学最大的区别就是（大学）活动特别多，我感觉大家参与课外活动的热情很高。我这个寒假去银行实习了，我觉得那种坐柜台的工作我可能不能坚持，那不是我想要的（工作），就是早上 8 点钟进去，晚上 5 点钟出来，都不出来吃中饭。可能我不喜欢这样的工作。在银行实习之后，我就把银行从我的职业规划中给删掉了。

大学丰富的课外活动包括实习实践，让小橙感受到大学与中学存在前所未有的差异。正是这种鲜活的体验促进了小橙认知上的发展，也影响了小橙对自我未来发展的思考。因为在银行的实习，她知道自己不喜欢这类工作，并"把银行从我的职业规划中给删掉了"。

大学很多新颖的事物激发了小橙的反思，也正是这些反思加深了她对事物的理解，使她形成了自己的意义建构。个体在探索、解决问题的过程中会产生对于外界与自己的更为丰富的认识，这会对自我主导力的发展发挥积极的作用。当处在自我发展的"十字路口"时，这种善于反思的性格使得小橙不管从行为上还是认知上，都努力地主动适应新环境，积极思考如何使用新环境中的资源。

在第二次访谈时，小橙对笔者表达了感谢，原因是在之前的访谈过程中笔者提及"西浦的环境需要主动去沟通"，小橙对此进行了吸收、内化，并采取了非常有效率的行动。

你上一次给我的建议就是让我主动去找老师，下一周我就直接跟我的生活导师和学术导师在微信上聊了。我第一次找他（学术导师）是想跟他咨询一下关于实习的问题，然后他帮我把它记下来了，他指导我找谁教我写简历之类的。

并且当笔者问到如果老师没有回复准备怎么办时，小橙在人际关系上表现出更加主动的态度，"我是打算再发一封邮件，就是想直接约老师面谈"。在学习心态方面，她经过在西浦一年的学习，觉得"不仅要考试，也应该学一些新的东西，学校那个选修课很有意思。这学期我就上了中西餐饮礼仪课和咖啡品鉴课"。对待考试，她的"心态也变得更好，因为它是过程性考核，没有确定的范围和题型，比较开放，感觉成败要看得更淡一点"。在西浦以学生为中心的环境中，多元的文化氛围传递出了大学不仅有学习也要有生活的信号，而小橙善于反思、行动力高效的特点，帮助其充分利用了这些资源，积极调整、重塑自我。

3. 从受限制到多元化的人际环境，同伴关系得到缓慢发展

在成长过程中，小橙由于与父母亲近、没有时间、精力以及意愿去发展其他的人际关系，这也导致她朋友较少，影响其同伴关系的建立。大学后，小橙认为尽管"交了不少新朋友"，但是还没有找到与自己三观相近的同学。我们发现，小橙在发展大学同伴关系的时候是自我设限的，她对人际关系的要求较高，宁缺毋滥，这种设限又何尝不是她在人际关系形成阶段焦虑的表现呢？在新环境中，人际关系不是"不劳而获的"，人际关系的经营通常需要经历四个阶段，即定向阶段、情感探索阶段、感情交流阶段与稳定交往阶段。其中，第一阶段需要个体的主动注意与选择，可能面临尴尬、焦虑的状况。在第二、三阶段中，双方的沟通越来越广泛，自我暴露的深度与广度都在拓展，逐渐有更深的情感卷入。最终进入比较亲近、稳定的状态。整个过程需要主动积极地参与，需要花费时间与精力（章志光，2015）。如果希望跳过第一阶段，是被动的体现，潜台词是"我不愿意为建立关系付出或负责"。

在大学伊始，小橙总是希望有一个已经有基础的关系（比如老乡），而不需要她去重新建立。这一方面是因为她缺少经验，在过往的环境中很少有

需要她主动去建立关系的机会，所以她会对此感到胆怯和不自信，不知道怎么做。另一方面也是受到植入文化的影响，在西浦没有固定的行政班级，缺少了预先框定的同班同学关系。后来，小橙舍友在其生病时帮助了她，让她感受到了同学主动伸出的"橄榄枝"，逐渐与对方成为好朋友；另外，她也试着通过微信和邮件主动与老师沟通和交流，发现老师并不是她想象的那样很难以接触；更重要的是小橙开始有信心和兴趣与外界产生更多的联系，决定申请做 Buddy（学友，即以学姐或学长的身份支持低年级学生）来帮助下一届新生。大学里的人际环境变化推动她实现了从一开始的"宁缺毋滥"到现在"主动出击"的转变，自我主导力在新环境中有所发展。

三 非独生子女，在挑战与支持中前行

（一）沉浸文化对自我主导力发展的影响

1. 开放而有规则的家庭环境，促进自我意识的发展

> 我们家四口人，我有个姐姐，她比我大 6 岁，刚工作。我受我爸影响比较大，比如说周末的时候，我爸会带我出去，去朋友家或者去哪里玩。我爸比较开放、很幽默，（思想）比较先进，而且他不是一个固执的人。我妈是该严厉的时候就特别严厉，平常的话就开玩笑，嘻嘻哈哈的，是一个很有趣的人。上小学后妈妈管得特别严，就是我的各种行为，还有学习习惯，（她）就管得特别严，上了初中以后，到现在基本不管了，放下了。

小非（男）的家庭教养方式属于开放而有规则的类型。父母对他行为、习惯的约束非常严格，对学业方面的约束则相对较松，"会问一些期末大考

之类（的事），平常那些测验、考（试）不管"。小非从初中就开始住校的经历使他更多地依赖自己，其独立性以及生活自理能力得到了锻炼。可以说，对学业开放、对行为习惯严格约束的教养方式以及住校的生活经历，客观上给予了小非自己做主的自由和空间，促进了小非自我主导力的发展。

小非的家庭氛围是比较融洽的，跟姐姐"虽然有点年龄差距，但关系很好"。他的父亲小时候"没有很多机会去上学"，却通过自己的努力发展了还不错的事业。在对父亲的描述中，小非使用了很多积极、肯定的词语，如"开放""先进"，反映出小非非常地佩服、认同自己的父亲。而母亲虽然对小非在学习上要求很严格，但她在生活中很有趣。

此外，我们关注到父亲像一个榜样，给小非带来了正向的示范与引导，对小非的自我发展产生了重要影响，这在小非选择大学时表现得尤为突出。虽然母亲希望小非留在广东，但是小非下决心出省，去了解外面的世界。而父亲对于小非要出省的观点也表达了极大的支持，"我爸就说出吧，越远越好。我爸就想'赶我走'"。自我认同中，与孩子相同性别的家长对于孩子的性别认同有很大影响。对于儿子而言，父亲越认同自己，他就越自信，可能走得越远、飞得越高，从而承担起男子汉的责任。父亲参与孩子教养会促进孩子自我主导力的发展。

2. 幽默开朗的父亲，促进人际交往能力的发展

在人际关系维度上，小非认为自己"善于交朋友"，这基本上是受父亲的影响。小非小的时候，父亲经常带他出去，父亲善于与人交流和比较幽默的个性都让小非习得了人际交往的技能、经验和信心，初步具备与不同背景的人建立人际关系的能力。

心理学家格塞尔曾指出，父亲的行为模式、在家庭里扮演的角色与功能、与孩子的交往方式和对孩子的教养方式，在其性别角色认同、性别角色社会化过程中具有重要的作用。在与孩子互动的过程中，父亲的处事方式通

常在不知不觉中被孩子仿效，有利于孩子在朋辈交往中（运用习得的互动模式）与他人友好相处。

　3. 失败也是成长，中考失利促进意义建构

　　中考考得很烂，那个瞬间是真的有点崩溃，我一直在想为什么会这样，后来还是经过挺长时间（心情）才平复。

中考失利对小非而言是一个记忆深刻的受挫事件，他经过很长时间的自我调整心情才平复。但当小非被问到这件事对他现在的影响时，他的评价很积极，"我现在已经比以前长大挺多了，我觉得这件事积极的（影响）大于消极的。因为说不定当时考得好我会骄傲、会自满，然后说不定还不如现在。那时候考得差我就有了动力，我想以后考试我要比我同学考得更好"这样的反馈也说明了小非在认知维度进行了重新建构。

　　自我概念（Self-concept）是个体经由经验而形成的对自己的知觉判断或评价。Shavelson 等人（1976）提出自我概念是多维的层次结构系统，最高层次是一般自我概念，即对自己的总体评价，一般自我概念可分为学业自我概念和非学业自我概念两个维度（刘萍和王振宏，1997）。学业自我概念可细分为涉及学科的自我概念，如数学学业自我概念、语言学业自我概念等；而非学业自我概念又可细分为身体自我概念、人际关系自我概念、情绪自我概念等。小非的中考失利对他的学业自我概念产生消极影响，他"有点崩溃，一直在想为什么会这样"，最终小非用更积极的态度对待这个挫折，从而产生了更积极的非学业自我概念。

　　总体而言，中考失利促进小非反思并形成一些新的自我概念，是自我主导力中认知维度发展的重要体现。同时，因为成功走出挫折，小非增强了自信，其自我主导力的自我维度也得到促进和发展。

（二）在沉浸文化与植入文化冲突与协商下自我主导力的发展

1. 从平淡到温暖，物理距离的拉开让个体有空间学会重新定义亲子关系

> 我从广州来到这边（苏州）上学，最近这边不是特别冷，但我爸妈会一直给我发微信，问我有没有买衣服，一直问到现在，甚至昨天晚上还跟我说在网上给我买衣服寄过来。我真的觉得挺温暖的，因为我以前没有过这样的（经历）。以前都是（在父母）眼皮底下，他们也不会说出这样的话，现在真的感受到（父母的关爱）了。

小非初高中都是住校，他与父母的关系并没有那么亲密，用他的话说是"（父母）也管不到"，甚至"基本上我也没有叛逆期这种东西，就真的没有地方去叛逆"。而没有叛逆的经历也与小非初中住校的经历有关系，青春期的孩子大多主张个性、呼唤自由，而小非因与父母保持了足够的距离，所以没有发生太多的家庭冲突。另外，孩子也有可能把这段经历从认知上解读为父母不够关心自己，彼此关系不够亲近。由此可以看出小非初高中阶段在情感上与父母还是比较疏离的。

独生子女和非独生子女的父母教养方式存在差异。独生子女的父母在对待子女的态度和教养方式上，通常会给予子女足够的持久的爱和较宽容、亲密的成长环境，家庭中形成的这种氛围随着子女的成长不断地泛化到他们自己的人际关系和社会生活当中，形成较稳定的安全感；非独生子女由于存在兄弟姐妹之间的竞争和比较，获得的温暖与安全感与独生子女相比稍显不足。小非有一个大自己 6 岁的姐姐，以及从初中就开始住校的经历，使其直到上大学后离开家乡其才对父母的关爱有了较深的体会。由于距离拉大以及父母更多的表达，小非才开始真正感受到并理解父母的关爱。因此在大学期间他觉得"会有一点想家、想父母，就那种感觉说不出来的。什么东西都很熟悉，然后父母也在身边，觉得好安全"。

在小非身上我们看到了"距离产生美"，距离让小非感受到家庭和父母的"美好"，这份温暖的自我体验能够滋养内在的自我力量，为小非未来进行自我探索提供支持。此外，相比之前的疏离，小非能够更加客观地体会与父母之间温暖的亲子关系，促进其人际关系维度的发展。可见，这种适度的距离为小非体悟和改善其与父母的关系提供了空间，从自我和人际关系维度上促进了自我主导力的发展。

2. 校园文化从严格规定到相对自由，自我与认知在挑战与支持中重新建构

（西浦跟高中相比）那肯定是不一样的，因为高中在规定的时间你就要上各种各样的课，除了课还有自习，西浦不强制你自习，自习的地点也很自由，可以来这边（教室），可以来图书馆，也可以在宿舍，这些楼都可以。高中的话你只能在自己的教室自习，长久在教室里面，学习的时候只能学习，其他的什么都不能干。

西浦可能比较强调自己的想法、自己的创意，因为你所有事情是自己的，学校不会给你任何的模板。就比如说我们建筑（课程）的作业，你要是自己做海报，它不会给你模板，然后你要改造模型，随便你怎么改造，爱怎么改造怎么改造……他也不会告诉你要干什么。也许像别的学校，就是今天（要求）画这个楼，你们都只能画这个楼，要做什么，就给你一个固定的东西让你做，画的都是同样的图，我觉得这太没有意思了。不过有的时候也觉得挺困惑，因为没有非常规定性的要求。

在访谈中，小非多次提及"我是挺不喜欢人家管我的"，从老师连"地上的头发都要管"的环境中进入西浦，小非明显感受到了"自由"，也感受到了自由带来的挑战。

相比中学时代除了学习"其他的什么都不能干"，在自由的大学里，小非拥有更大的自主空间来发展自我。在认知方面，从中学里老师灌输和纯粹教授知识，到大学里强调学生自己的想法，锻炼了他的认知加工的能力，拓展了他的认知的范围，促进他的认知方式从被动接受转变为主动建构，并因此能够培养内在的声音。在自我方面，首先是自我的感受不同，相比以前被别人管着，感觉"不爽"，小非在大学里可以自由地"呼吸"；其次，拓展了小非自我探索的空间，比如建筑课程作业中的模型改造，"随便你怎么改造，爱怎么改造怎么改造"，并在探索的过程中"找到了自己的兴趣"。

自由本身也是一种挑战，因为没有非常规定性的要求，"有的时候也觉得挺困惑"，这种挑战主要表现在两方面，一方面是自由带来在游戏上的放纵，小非自述高中的时候很少打游戏，但是上大学后"（父母）少管了很多，在这边他们也不知道，就跟着（同学）一起玩，自己就放纵了一些"；另一方面自由也导致了他在专业学习、未来发展上的迷茫。

然而，挑战中也孕育着发展的机会，促使他对自我以及未来的思考变得更加全面，"关于未来，我们宿舍经常也会谈论到这些，前段时间就选专业，然后他们也会谈到一些专业前景（的话题），有没有前途，赚不赚钱这些。其实我觉得，我们讲得还是比较肤浅，还是像孩子一样，就没有任何成年人的看法，还是更像孩子"。这种认知的丰富对自我的发展也有积极意义，这让小非对未来的自我规划有了更加清晰的认识。自我维度的发展还体现在小非在面临大学学业挑战时的应对策略上，在意识到玩游戏较为放纵的问题后，小非选择以健身的方式来充实自己，并且坚持了 8 个月，这种积极的应对策略使其感到满意与开心。这种应对策略的实施既有效地解决了问题，也使小非产生良好的自我感受，增强了自信。

"人生而自由"，当把这份理念贯穿到个体的具体行动中，就是人具有自主选择权，并为自己的选择负责，承担选择的后果。西浦提供了很多需要学生自主选择的机会，既包括选择专业、选修课程、是否 "2+2"①、是否读研深造、到哪里读研深造等，也包括面临特殊情境（比如沉迷游戏）时的反应。在充满挑战的环境中，小非积极协调自我与环境，努力适应新环境，进行自主选择，并由此促进自我主导力的发展。

四　小结

小升、小橙、小非显示出其自我主导力的基础水平比较高，但是自我主导力的发展速度比较低的状态，如图 3-14 所示。在大学前的自我主导力水平较高：总体处于内外交替阶段的 E-I 水平，其特点是开始构建内在的声音。三人进入大学后自我主导力发展较慢，依据马格达和金对自我主导力发展十个节点的划分，其在大一学年结束时自我主导力水平只有一个节点的提升，总体处于内外交替阶段的 I-E 水平，其特点是开始倾听内在的声音。

（一）影响小升的自我主导力发展因素及机制概述

沉浸文化对小升自我主导力发展的影响机制如图 3-15 所示。

---

①　"2+2" 是一种办学模式，学生前两年在西浦学习、后两年到英国利物浦大学学习。

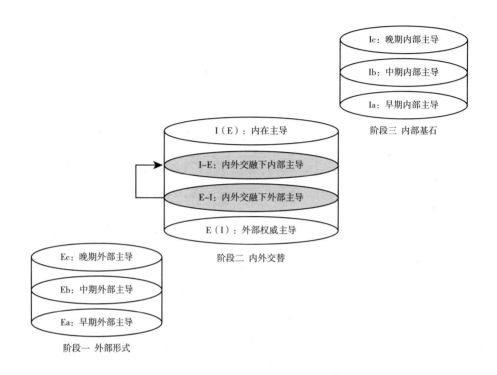

图3-14 小升、小橙、小非自我主导力水平变化

（1）小升家庭属于严父慈母型家庭，个体在"严"与"慈"两种风格的"管束"中艰难协调，缓慢突破，寻找自我。

（2）外部力量（父亲、教师与朋辈）影响自我认知体系，促进小升养成自省自信性格。小升深受父亲的影响，主动内化其"突破阶层"的观念以及喜欢阅读的习惯，这为其自我发展提供了良好的内部动力，丰富了自我的认知体系。同时，在学校的丰富体验，受在模联的同学的影响，更加激发了小升自我发展的内驱力。总之，小升此时虽然容易受到他人的影响，但并不盲目跟风，而是能结合自身情况把这种影响转化成自我发展的积极因素，体现出较高的自我主导力水平。

沉浸文化与植入文化的冲突与协商对小升自我主导力发展的影响机制如图3-16所示。

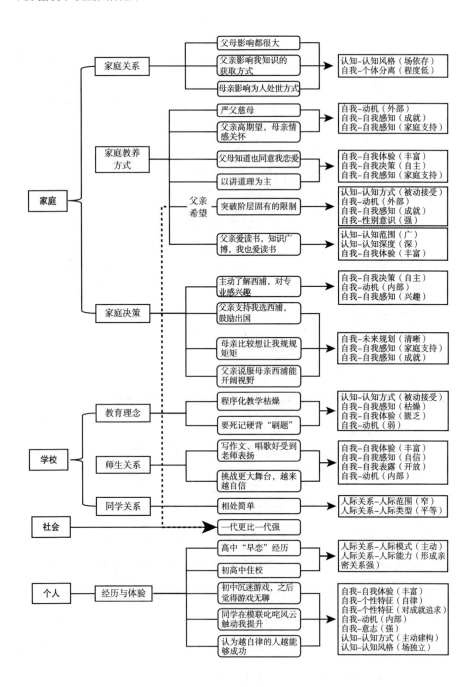

图 3-15　沉浸文化对自我主导力发展的影响机制（小升）

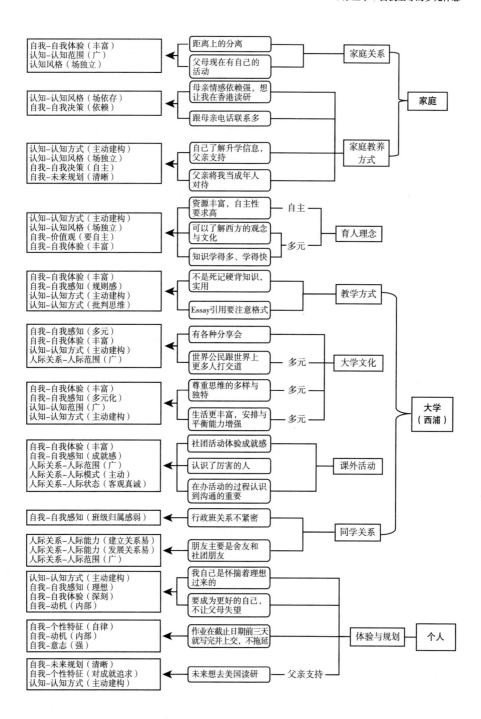

图 3-16　沉浸文化与植入文化的冲突与协商对自我主导力发展的影响机制（小升）

（1）在控制与分离的协商中，实现亲子关系从依附到独立的转变。"我妈比较挂念我""一直抱着电话不撒手"，小升主动提出按规定时间打电话的方案解决问题，体现出较高的自我主导力水平。

（2）在程序化与自主性的艰难协商中，小升不断提升自主性和时间管理能力。"大学之前一切都是按部就班的"，植入文化的多元对自我管理能力提出挑战，促进其内在声音的建构。

（3）校园文化从高压到"开放"的转变，促进小升自律意识和能力的发展，有利于激发小升的内部动机，促进个体动完成"自我的提升"，培养自我主导力。

（4）课程学习上从被动接受转变为主动体验，让个体更有机会认识自我、倾听自我。"大学知识点就是过得特别快""不像高中那样死板""是让你更了解西方人的想法和文化"。大学更加深入的课程学习方式转变有利于意义构建，丰富自我的认知体系。

（5）从单一紧密到多元发散，人际关系在协商中发展。大学"需要跟各种人打交道"，有利于小升与不同背景的人建立关系，促进其人际交往能力的提高。

（二）影响小橙的自我主导力发展因素及机制概述

沉浸文化对小橙自我主导力发展的影响机制如图 3-17 所示。

（1）小橙的家庭关系较为亲密，"谁都不能少"，母女关系尤其紧密。这一方面满足了小橙的安全感等心理需要；另一方面限制了小橙拓展人际范围，以及与其他不同背景的人建立人际关系的自主性。

（2）应试教育模式，外部权威力量强大，造成小橙患得患失的性格。学校采取应试教育模式，老师、家长过于强调成绩的重要性，导致她对考试和成绩产生患得患失的心态。

（3）社会文化抑制个体倾听内在的声音。"女孩不要太辛苦"、"面

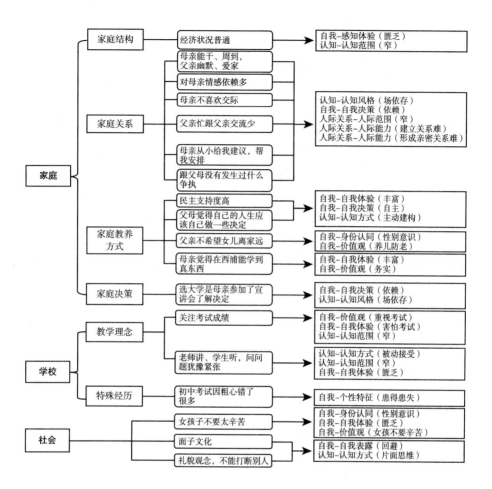

图 3-17　沉浸文化对自我主导力发展的影响机制（小橙）

子"文化和礼貌观念等在一定程度上要求个体服从大众潮流，从而忽视或者抑制个体内在的想法。由此看出，小橙得益于稳定、亲密的家庭关系，但同时也深受学校和社会文化大背景的影响，自我主导力水平相对较高。

沉浸文化与植入文化的冲突与协商对小橙自我主导力发展的影响机制如图 3-18 所示。

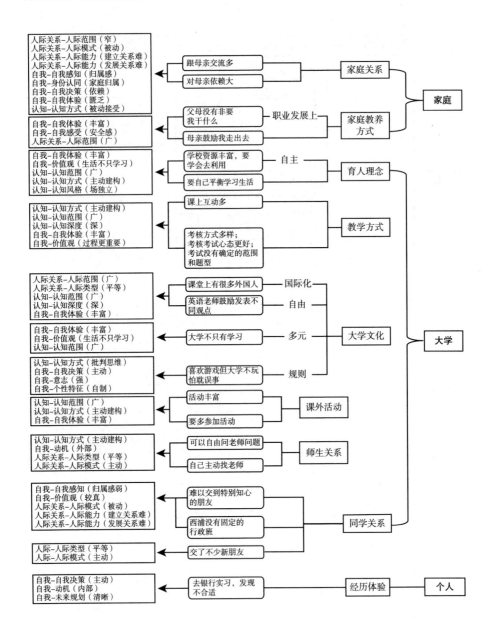

图 3-18　沉浸文化与植入文化的冲突与协商对自我主导力发展的影响机制（小橙）

（1）亲子关系上从亲密到分离的协商中，支持孩子自主探索。在父母的支持下，小橙敢于"出去看看"，逐渐倾听内在的声音。

（2）教育方式从被动接受到平等互动的转变，促进个体进行意义建构。不仅有外籍教师倡导互动，而且"活动特别多"，有利于个体倾听内在的声音，自主选择。

（3）从受限制到多元化的人际关系环境，同伴关系得到缓慢发展。小橙滞留于亲子关系而不愿或不会拓展人际圈，大学舍友的善意、鼓励的教学模式、平等的师生关系，让她有勇气尝试改变人际关系上"宁缺毋滥"的心态，与其他不同背景的人建立人际关系，逐步获得人际关系上的自主性。

（三）影响小非的自我主导力发展因素及机制概述

沉浸文化对小非自我主导力发展的影响机制如图3-19所示。

（1）开放而有规则的家庭环境，促进自我意识的发展。父母在小非上小学后对他各种行为、习惯约束严格，当他上了初中以后，就松了对这方面的约束，幽默开朗的父亲，促进其人际交往能力的发展。

（2）宝贵的体验，深刻的反思，全新的自我。小非的家庭环境张弛有度，既给了他倾听内在声音的自由，又培养了他的规则意识，促进他的社会性发展。中考失利让他"有点崩溃"，但这也是对自我认知重构的机会，意识到它"积极的（影响）大于消极的"，重新获得自我认知的平衡，体现较高的自我主导力水平。

沉浸文化与植入文化的冲突与协商对小非自我主导力发展的影响机制如图3-20所示。

（1）从平淡到温暖，客观距离的拉开让小非有空间学会客观定义亲子关系。随着与家庭距离的拉开，小非不再被动接受某种亲子模式，而是开始尝试以自我的视角来看待与父母的关系，内在的力量逐渐增强。

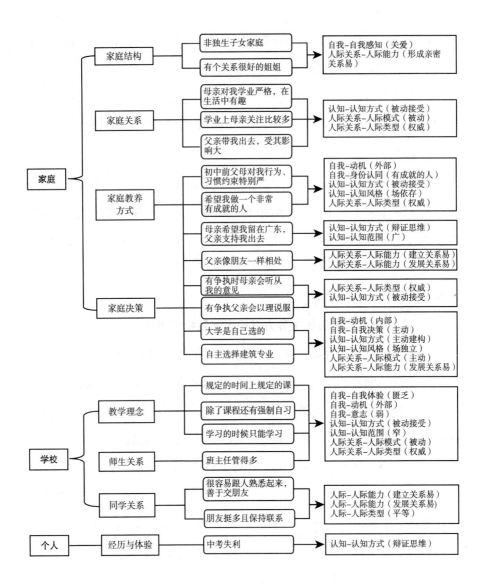

图3-19　沉浸文化对自我主导力发展的影响机制（小非）

（2）校园文化从严格的规定到相对的自由，自我与认知在挑战与支持
中重新建构。如"学校不会规定你做什么""你要有创意"等，大学环境
相对自由，给予小非一定的空间并丰富其经历，使其逐步构建内在的认知
体系。

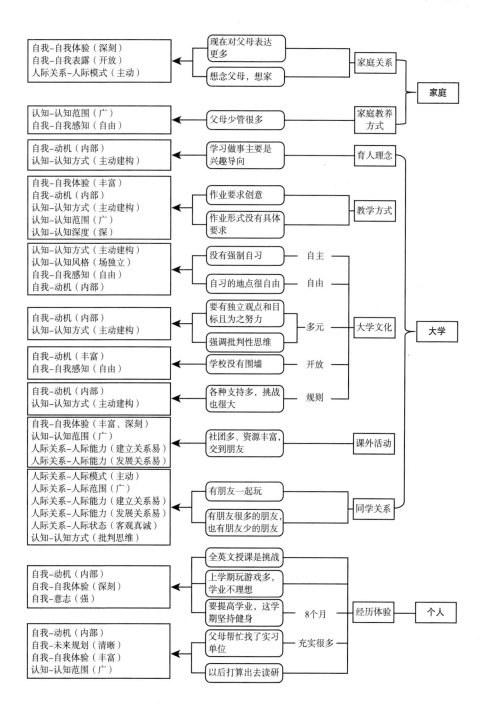

图 3-20 沉浸文化与植入文化的冲突与协商对自我主导力发展的影响机制（小非）

第四节　高开高走

一　世界那么大，我想去看看：想拍纪录片的少女

（一）沉浸文化对自我主导力发展的影响

1. 安全"稳定"的家庭氛围支持个体对自我的探索

之前看到过一句话，哪有岁月静好，只是有人替你负重前行，我之所以现在满脑子都是"诗和远方"，很大一部分原因是，我爸妈为这个家、为我付出了很多。

我的一个好朋友从小就是家里的"乖乖女"，她爸妈说成绩要好，她就一门心思把成绩弄好去读名校。后来她说很羡慕我能找到自己想做的事情，她也想找到。我爸妈从来没有提起过（"乖乖女"）这个问题，我想怎么长就怎么长，但是人品要好，性格要好，别的就没有要求。

我们整个家就很好玩，遇到重大事情的时候就会开家庭会议，然后分析一下利弊。他们大多数的时候非常尊重我的选择，只要我自己去调研清楚，自己给出很有说服力的理由，他们都会支持。

小乐（女）成长于一个经济条件优越的家庭，家庭关系也很和谐，是"稳定的三角关系"。父母对小乐的教养方式民主、自由，大多数时候非常尊重她的感受与选择，同时也注重对其分析能力的培养。"只要我自己去调研清楚，自己给出很有说服力的理由，他们都会支持"，这表明小

乐的自我是独立的、清晰的，她了解自己是什么样的人、喜欢什么。这样的自我成长与跟父母之间的良好关系和互动是分不开的，因为父母给她的信任与自由让她可以自如地去探索外在与内在世界。这种自我发展不仅在理智的层面，也在情感流动的层面。小乐不仅可以很好地思考，也能够正视自己的不同情感，无论是正面情绪还是负面情绪，都允许其存在，并且会积极地接纳，建构内在的声音。

2. 温暖和谐的家庭环境，培养同理心，促进自我发展

有一次我坐高铁去北京，边上坐了一个三四十岁的像爸爸一样（的中年人），穿着一身工作服，他就挤在那个小小的位置里面。5个多小时的高铁，我看到他中午就吃了一个馒头，然后感觉他非常疲劳。等还有10多分钟才到站时，他就直接拎起包迫不及待地走到门口。我当时以为要到站了，就跟着他走到那边，听到他在那边打电话，是打给他的妻子跟小孩的，他讲话超温柔："女儿，我终于回家了，刚刚路过我们家了"，然后问："你待会儿要不要吃什么比萨？"然后我觉得很心酸，我想到我爸爸也是一天到晚出差……

小乐内心的柔软与温暖和谐的家庭环境有很大关系，"我们家就感觉一直很和谐，大家相互支持，相互理解，经常交流"。柔软是小乐个性中的一个重要特征，这有利于她对于世界的共情和情绪流动。而共情和情绪流动是一个人自我主导力自我维度中特别重要的属性，小乐的家庭环境对自我发展有着积极的推动作用。

3. 校园文化自由开放，在更多选择、尝试和挑战中，促进意义建构

　　我整个成长过程中上的学校开放度都比较高，就是你自己去学习，自己找自己喜欢的事情（做），没有太多地干涉，所以我觉得整个成长环境都是挺自由的。因为有了这些空间可以去想自己的事情，就会想经历更多的事，想接触更多的人、冒更多的险。我很多的时候都会浏览一些国外网站，也会看很多 TED（Technology，Entertainment 和 Design 的英文缩写，即科技、环境和设计类）演讲这一类的东西，就会发现人生有更多的选择，有更多的可能，就会都想去尝试、去挑战。

　　小乐从小到大读的学校环境都是比较自由开放的，"我觉得我们高中就挺像大学的"。得益于从小自由、注重个人意识与能力培养的家庭环境，小乐非常适应这种学校环境，并且在其中得如鱼得水。学业上，小乐"平时一模、二模什么都挺好的，年级前五"，受到老师的关注与积极反馈。同学关系上，尽管家离学校挺近的，小乐却"很喜欢住校""感觉跟舍友关系挺好的，而且有一群很可爱的朋友晚上可以睡在一起，感觉很有爱"。这样自由开放的校园环境为她提供了足够的空间与机会去探索、发展自己的兴趣爱好，加深了她对自我的了解，拓展了其认知的深度与广度。而来自老师的关注与正面反馈，以及良好的朋辈关系也促进了小乐自信、乐观性格的形成。

4. 乐观的超级理想主义者的心态，促进个体主动、自由地建构内在的声音

　　感觉（我）是一个很乐观的超级理想主义者，有梦想。从我很小的时候开始，我就特别想拍纪录片，像海洋动物或者非洲大草原上的

动物，我也想帮助很多世界上各种地方的人。现在选专业，打算转到影视艺术学院。因为身边没有人从事这种工作，有些大人就觉得我总会有很多想法，太过于理想化。但是我始终觉得反正每个人的生命只有一次，为什么不做自己喜欢做的事情？而且我觉得喜欢这件事情，你才会对这件事充满激情，有了激情才会做好。

乐观和积极是小乐对自我的认识，她认为自己"是一个很乐观的超级理想主义者"，她在访谈过程中也多次反问笔者"有没有觉得我听上去特别理想主义"。这种乐观和积极既让小乐听从内在的声音，追逐自己的梦想，又让其有强大的抗挫折能力，即使在其遭遇挫折后也不曾改变。"当时高考前生病了没发挥好，拿到成绩的时候，有点小崩溃"，但是"我之前听过乔布斯说过的一段话，就是你的人生做的每一件事情都好像一个个点，你不能确定这些点连起来会把你带到什么地方，但是你得去，你要相信每一个点的发生都有它的意义"。同时，小乐还乐于接受挑战，对世界充满好奇心与求知欲，"我只想满世界乱跑，天天看到不一样的人和事物，我喜欢每天都是不一样的新挑战"。

良好的家庭成长环境以及中学阶段自由开放的校园环境促进了小乐对世界的探索以及对自我感受的关注，使其形成了强大的自我；但同时，不受约束的自由也造成了她会更多关注自我感受和体验。

（二）在沉浸文化与植入文化冲突与协商下自我主导力的发展

1. 人际关系在"亲密"与"孤独"的协商中，实现对当下自我与人际关系的悦纳

有的时候我一个人很开心，一个人自习，或者一个人跑步，我觉得我在做自己想做的事情，忙里忙外的，感觉自己很充实；但是也

有的时候，比如说夜深人静一个人从图书馆回宿舍的时候就感觉很孤独，真的很孤独。

小学我养了一只狗狗，它有一天死了，我超级难过，我的情感依靠就没了。这就好像我之前高中谈的男朋友，他有一天突然走了（分手），就像那只狗狗突然死了，那我心里不缺了一个角了吗？就会很难过。

狗狗去世的悲伤让小乐难以忘记，与此类似，她在中学时期拥有比较亲密的朋辈关系，这些关系在她的沉浸文化中围绕着她；而进入大学后，尚未融入集体造成了一定程度上人际关系的"断层"，这对于她来说是在经历一种"丧失"，这种"丧失"具体表现为以前的朋友仍然重要，但是关系不那么紧密与亲近了；现在的朋友很多，但是真正"走心"的尚未遇到。人际关系层面的变化给她带来了孤独感。

在第一次访谈中，小乐对这种孤独感还是一种被动接受的状态，而在最后一次访谈中，她已经能够正面地接受这种人际关系的不同状态，并且找到了"一群志同道合的朋友""虽然没有以前的同学亲密，但是也有可以聊天、谈心的朋友了"。在从亲密到孤独的过程中，小乐的表现反映出她在自主应对这些不可避免的丧失，即是忧郁还是积极地接受（所谓"悦纳"），也促进其自我主导力在人际关系维度的发展，不再过度关注自我的需求，可以接受不同的亲近状态的人际关系。这也促进小乐自我主导力自我维度的发展，让她更加自信，"一个人够自信了以后，就不会觉得孤独感那么浓了"，以前"好可怜自己"，现在"就觉得很正常，我这样子依然开心，更独立了"。经历"丧失"的人，需要将原来那部分投注在旧客体（已失去之人和物）身上的能量转投到新的人际关系中，这样生活才可以继续，这就是悦纳的过程。

2. 从一般到多元的人际关系环境，尝试平衡自我与他人的关系

人和人之间像两块鹅卵石，不对，像两块比较有棱角的石头，如果有一段感情比友情更加紧密一点的话，那肯定会磨来磨去。我不是很喜欢自己的棱角被磨，或者说我不喜欢有人太贴近我的生活，就是有一种隐私不被保护的感觉……我也不知道，我可能害怕有人真的太入侵我的生活，然后我自己就不太好了。

小乐成长的家庭环境及学校环境使她形成了关注自我感受、追求自由与新鲜的强大"本我"。虽然在一般的人际关系中小乐可以较好地体谅他人，建立和谐的人际关系，但是在处理可能需要妥协甚至会受到束缚的亲密关系时，小乐表现出彷徨与担忧。尤其是经历高中恋爱的挫折后，她认为在大学的学习与生活中最大的压力来自恋爱关系，并对如何建立这种亲密关系感到很焦虑，"感觉恋爱很麻烦，自己也怕麻烦，对之前的恋爱经历仍有介怀"。

这种对亲密关系的焦虑感，不仅表现在恋爱关系的建立中，也表现在小乐对其与父母关系的思索之中。一方面，小乐享受父母对自己的关爱，认为"父母百分之百支持我去追求自己的梦想，为我的梦想牺牲太多，花掉家里很多钱"。另一方面，她也在父母的这种"无私付出"中，体验着情感上的愧疚感，"觉得自己很自私，心疼父母"。尽管小乐对自己的行为进行了合理化："爸妈认为教育是一种投资"，自己"依然不会停下脚步去追求梦想"，但也说明了小乐在努力协调并平衡现实与理想之间的冲突。

在与老师和同学的关系发展中，小乐尝试后，确立了更加合理的方式。小乐认识到人际相处的多元互动模式，也因此可以在人际关系中相互

协调、求同存异，不再固守于自我原本的状态。

> 就是当尝试了很久，你发现完全不一样的轨迹上的想法的时候，你不需要改变他的想法，就算有观点不同，我们也会慢慢协调。

对于各种人际关系的思考促进了小乐自我主导力的发展，尤其是其人际关系维度的发展也表现出未来在认知、自我方面发展的巨大潜力。

3. 多元选择过程中，慢慢找到"真正喜欢的自己"

> 西浦选择非常多，就会让我什么都想要，我就是那种什么都想尝试，什么都想要（的人）。就是自己很"作"，选了一大堆事情。我觉得大学在锻炼我选择的能力以及放弃一些东西的勇气，这是一件很重要的事情，要敢选择、敢放弃。

相比中学时"高考写写作业、刷刷题"的环境，小乐在大学"有更多时间"尝试新事物。"西浦选择非常多"的环境对喜欢尝试新鲜事物的小乐来说"如鱼得水"但也确实面临挑战。比如，在时间安排上，她需要协调学业和课外活动；在未来规划上，她需要选择从事感兴趣的拍纪录片，还是选择对生活有保障的其他事业等等。"西浦有很多机会和各种各样的平台"，面对如此丰富的资源，小乐也需要有自主空间，进行充分思考与探索，并在此基础上进行选择和平衡。

自我决定理论（Self-determination Theory，SDT）认为，根据不同的因果取向，可以把认知决定分为个人取向和非个人取向（Deci 和 Ryan，1985）。个人取向又叫自主取向，是个体主要根据自己内在的认识和感知做出决定和相应的行为，这种行为基于对个体的自主认识，其行为在于满足个体作为人的需要；非个人取向又叫控制取向，是个体认为其决定或者行为会获得外部的奖赏或取悦他人，这种决定或者行为受到外在刺激和非整合的内在因素相互作用的控制。小乐高中时代的学习更多受到"毕竟要高考"的外部刺激，需要"写写作业、刷刷题"；而进入大学后，她终于有更多时间和空间，根据自己内在的声音和真实的感受，来体验自己想尝试的东西，自主地做出判断和决定。

> 我以前对很多东西感兴趣，也说各种各样的异想天开的事情，然后在大学我就把这些东西都尝试一遍，再一个一个否认那些自己觉得不适合、不喜欢的，再去找自己喜欢的。我一整个学期都在纠结，纠结的时候很痛苦，找各种教授聊天，我把影视学院所有教授找了个遍，特别有成就感，我整个大一上学期都在慢慢寻找真正的自己喜欢的东西，我觉得现在找到了。

在大学自由开放的环境中，小乐她不断地尝试、自主地选择，这对于她自我主导力的认知、自我和人际关系三个维度的发展均有积极的意义，尤其是小乐找到了"真正喜欢的自己"。

4. 教育模式从"应试"导向转变为多元自主，认知体系得以重新建构

> 我觉得不规律可以激发灵感。因为规律就像框架一样，会给每个人约束，然后人就会像机器一样跟着走，但如果它一旦产生一些不规律（不管是时间上的不规律，还是活动内容上的不规律），一旦有冲突、有矛盾就会引发思考，一旦有想法、有思维，就会有

灵感。

在教学导向上，尽管小乐就读的高中已经比较自由开放，但仍以高考为导向，这造成了中学学习内容枯燥、教学方式单一的状况，"以前的那些课很枯燥，一个知识讲了以后开始练，再一个小知识讲了以后开始练"。西浦教学强调知识、能力和素养的综合培养，在教学上"课堂内容涵盖面广，上课方式多元、生动"，这样的教学方式促进了学生学习主动性的提高，让小乐觉得学习更加实用、有趣。

在学习考核上，以前的教育"太强调结果，英语考核内容单一，什么语法（啊）类似这样（的）"。而大学采用过程性考核，"这能维持学生很长一段时间的学习兴趣，就是你在期中考试之前必须努力，期末考试也要努力"；此外，大学学业考核的方式重视考察综合能力。小乐认为之前"无论你是否感兴趣，你都得考得很好"。现在大学里学习的感觉与高中不一样，"接下来我们专业的作业有拍纪录片，那我们把这个纪录片完善，像对待自己孩子一样去付出，这样也是一个学习的过程，只是我不像以前那样用分数去考量它，比如数学做几道题，语文做几个填空（题），就不一样的感觉"。

育人导向的不同使中学和大学形成截然不同的教育模式，对于小乐自我主导力的发展有着不同的影响。大学的育人理念和实践，从认知方式的维度来说，促进了小乐从简单、单一到复杂多元，从被动训练到主动探究的成长；从认知内容的维度来说，促进了她的认知拓展。从自我维度来看，促进她发现并发展自己的兴趣。总之，与中学不同的是，大学中很多东西不再那么有规律了，而正是这种"不规律"激发了富有创造性的"灵感"，形成了独特的思维、观点，这显然促进了小乐自我主导力的发展。

二　重要的不是我是谁，是我跟谁在一起

（一）沉浸文化对自我主导力发展的影响

1. 安全型的家庭依恋关系，温暖而有规则的家庭环境

我爸工作很认真，他是一个很细致的人，很能讲，很会聊天，还非常搞笑，比较幽默。不过他经常睡懒觉，他那天因为睡懒觉，误了飞机。我觉得我妈能力很强，因为我妈之前在教育行业，我听到我老师对我妈的评价，都说她很棒，很干净利落，不拖泥带水。我妈每天早上七八点就起床做饭，她特别会做饭。

小思（女）的父亲工作时认真、细致；在生活中幽默、懒散。她说起父亲睡懒觉的缺点，并没有责怪的意思，而是以一种包容的口吻叙述，可见父女感情很好。小思母亲工作能力强、勤快、利索、做饭好吃，他人对母亲的评价也高。她对母亲的形容都是褒扬之词，反映出对母亲的敬爱。在家庭中三人之间有良好协作，父母身上都具有小思所认可的人格特质。这种安全型依恋关系的建立，使得她在成长过程中更具有向外探索的勇气和更能发掘潜能、促进自我实现。

物质上我觉得从来没有缺过什么，但思想方面我爸还是挺严厉的。比如说，（要求我）对人一定要有礼貌，我小时候看见叔叔阿姨有的时候不敢叫，我爸就说这种礼貌一定要的。还有看到公交车上有老人要让座这种事情，我们家管得还挺严的，我感觉。

小思的父母以开放、支持的态度对待孩子的成长，"很支持我做任何

我想要做的事情"，同时给予孩子物质生活上足够的保障与安全感，"物质上我觉得从来没有缺过什么"。此外，家庭教养方式在温暖中也有规则，如"叫人"、"让座"，注重对小思道德意识的培养。道德作为个体自我约束以及规范个体在社会环境与工作生活中的行为标准，是调整人与人之间关系的行为准则。小思接受并认同父母的道德观念，形成了自己的道德观念和行为准则，如，"我假期回去看望高中的班主任"。这种道德意识的培养与认同，体现在小思的现实生活关系中，反映、调整她在现实生活中的利益关系，让她在人际交往中能较好地进行协商与理解他人（宋希仁，1989）。

2. 独立自主的生活状态，丰富的个人体验，促进个体自我概念的发展

小时候我爸妈比较忙，都是我自己一个人上下学。高中住校住了大概两年，跟住宿的同学玩得更多一些、大家都挺好的。最后高考那段时间比较忙，然后我就回家了，让我妈洗衣服啥的，（这些事）就交给她了，在这之前，基本上是自己（做）。

小思父母既为孩子提供了良好的物质条件，又很重视其独立自主能力的培养。她从小学开始就自己一个人上下学，高中也是住校，基本上生活靠自己。在教育理念上，父母希望孩子出国念书，"他们可能希望我，就是比较轻松地去学习"。从初中开始父母就让小思出国旅游，开阔视野，也正是这些经历让她慢慢确定了学建筑的理想。

开心，因为我每天都在做自己很喜欢做的事情。我现在选的专业，就是我自己很喜欢的专业，之前就很喜欢它。初三去英国玩的时候，在大本钟前面看到有很多外国小哥在那边画大本钟。我跟他们聊

天，他们说他们学校有很多这种画家，将来当建筑师，可以给人画建筑，后来我就一直挺想当建筑师。

从访谈中能感受到，小思是一个乐观开朗的女生，她知道自己想要什么，并得到了家庭的支持，愉快地做着自己喜欢的事情。家庭的滋养、独立自主的状态以及外界的丰富刺激，促进了小思自我主导力的发展。在人际关系维度上，住校经历可以锻炼她的独立自主能力，也有利于她与不同背景的人形成多元化的人际关系；在自我维度上，出国旅游的经历扩大了她的人生体验范围，促使其明晰了未来的发展方向（学建筑）。

3. 碍于面子，抑制内在自我声音的表达

上课会有不懂的地方，但是我可能也不会（举手），因为一个人举手很尴尬……但是如果我真的不会，问同学也不会的话，我可能会私发微信向老师请教。

与前文中小橙同学的表述类似，碍于"面子"，在课堂上不好意思提问。当然，我们不可否认，私下问同学、问老师也可以解答疑惑，但从自我主导力的发展视角来看，过于顾忌"面子"会给个体的自我发展带来一定的负面影响。在认知维度上，阻碍了个体与外部（如老师、同学）及时地交流互动，不利于从多维角度进行意义建构，更新认知；在自我维度上，抑制了当下的表达，容易固化对外部权威观点的服从而缺乏对内在声音的培养或倾听；在人际关系维度上，如果一直囿于被"面子"困住的自我，也意味着难以构建平等的师生关系，从而真正形塑"里子"，发展自我主导力。

（二）在沉浸文化与植入文化冲突与协商下自我主导力的发展

1. 从亲密到分离，家庭关系再次获得平衡

> 我读大学后，我爸妈他们过得也挺好，他们现在很开心，因为不用再给我做饭之类的，他们俩每天自己约了人出去玩，去旅游。我爸妈每个周末都约一帮（人），各种叔叔阿姨一起出去玩，或者在家打牌什么的。

这种安全型的依恋关系使得小思及其父母能够平缓地接受分离。也由于家在无锡，离学校不远的缘故，当小思进入大学后，她的父母能够很好地生活，没有表现出孩子离家后的不适应。而父母对待小思的方式也没有太大变化，她还会经常回家，"如果这周作业也差不多（完成了），然后又没有什么活动，我就回家"。

生活在高亲密度、高表达性、低矛盾性的家庭环境中，家庭成员有更多关于美好人际关系的积极体验，而这种积极体验又强化了他们的行为，使他们在解决人际冲突时更趋向追求美好关系目标，这就形成了一个良性的循环系统（涂翠平等，2008）。在这样的家庭环境中，小思与其父母的亲密度是适中的，这让小思在情感上既能够充分表达和建立联结，又不过分依赖和控制他人。在处理事情时可以共同决策，既能够听到自我内在的声音，也能平衡好外部的意见和建议；在高考结束选择大学和专业时，小思选择了西浦和"自己很喜欢"的建筑学专业，而父母"很支持我做任何我想要做的事情"。

在自我维度上，由于小思对父母都有很好的认同和接纳，使她形成了良好的自我同一性。自我同一性是建立稳定的自我认同感，并对自我积极肯定的心理倾向（郭金山，2003）。在人际关系维度上，与父母之间开放且具有弹性的亲子关系，对小思建立不同类型的人际关系也起到了积极的

作用，使她在大学宿舍及社团中的人际关系也呈现出良好的互动模式。在认知方面，小思父母以开放、支持的态度对待孩子的成长，并注重对其道德观念的培养让小思对符合道德行为准则的行为会产生满意、愉快等内心体验。不断地建构起内在的价值观，在行为表现上也会坚定听从内在的声音。

这种安全型的家庭依恋关系、温暖而有规则的家庭环境，促进了父母与小思之间的顺利分离，使得小思重获家庭关系的平衡，并进一步促进其在认知、自我和人际关系维度全面发展，逐步实现自我发展。

2. 从控制到自由的转变，促进自我发展

高中确实比较忙，基本上不是在上课，就（是）在写作业，也没有想过其他事情。而且时间都是被定死的，宿舍每天查寝，定点熄灯，阿姨统一关（灯），而大学可能更加自由一点。学习的话，高中可能老师灌输的东西会比较多一点，规规矩矩地坐着，安安静静地看着老师写板书，然后抄笔记，到了大学可能自学会比较多。高中每天想的就是这道题为什么错了，这道题怎么样才能做对，怎么把这道题解出来，考试怎么能多拿几分……（大学里）要对未来有点意识，还有学校社团比较多，活动挺丰富的，经历得也挺多的。很多学长、学姐也会给你一些建议。知道自己想要的是什么，以后想要过怎样的生活。

小思高中生活完全以学业为中心，"不是在上课，就（是）在写作业"，非常忙碌；在生活上，学校的管理也非常的"军事化"，宿舍每天都要查寝、扣分、定点熄灯等。在这种环境下，小思只能偷偷看自己感兴趣的建筑书籍。

大学与高中的环境分别呈现开放、自由与严格、封闭的特点。最明显的区别是在学生的时间管理上，大学让学生自主安排；而高中时间是被严格控制的，学生只需要遵循规定，不需要也不允许学生自己分配。当时间管理权由老师交还给学生的时候，小思对其进行了充分利用，即使把时间安排得很紧凑，"忙到爆炸"，也会她也感觉"很爽"。在自由的大学环境中，其有充分的时间和空间思考自我，关注点从解题、提高分数转变成丰富多彩的活动。在认知维度上，小思调整了对学习、对大学生活的理解；在自我维度上，她充分体验、探索，从自己的兴趣出发未来。

3. 从单一到多元，从被动到主动，在变化中更清楚地认识自我和发展自我

在学校的教育理念上，大学的关注点不再局限于单一的知识学习，而是强调学生的全面发展和未来规划，"多读点书，认识一些优秀的人，拓宽眼界。"并且"要对未来有点意识，还有学校社团比较多，活动挺丰富的，经历得也挺多的"。这不仅使学生在认知维度上开阔了眼界，也引导学生在自我维度上思考"我是谁""我想成为谁"。

在人际关系维度上，高中较为同质，同学们是"战友"关系，目标一致（高考），而大学里认识的人多了，"会碰到很多形形色色的人"。这样的环境既扩大了小思的人际交往范围，又提升了她的人际交往的能力，"可能社交圈子稍微大一点，你跟人聊天的时候已经不太会紧张了，可以跟陌生人也很顺畅地聊下去，尬聊也能一直聊下去"。这样的经历降低了人际羞耻感，即使与陌生人聊天逐渐自在。这种人际关系维度的发展也深刻影响了小思对自我的理解，"我觉得重要的不是我是谁，而是我跟谁在一起，就是别人对你的影响其实挺大的。如果你跟一个很勤奋很认真的人在一起多相处的话，你本身也会被他影响"。对人际关系的认知也影响小思具体的行动，想要"认识一些优秀的人"，找到了学习的榜样，建立了积极的人际关系。

除了教育理念与人际关系上的多元，在植入文化中，小思也感受到了生活习惯的多元。

> 我们会交流彼此的一些生活习惯或习俗之类的。比如说我北方的室友，就有些习惯跟我们不一样。他们非常爱吃辣，但我就很不能吃辣。他们北方会统一供暖，所以北方同学到这边来都非常的怕冷。以前没想到这些，很神奇。

多元文化的环境中，小思对很多具体问题的认知有了更加深刻及鲜活的理解。这里有着不同的地域文化，在新异信息与已有之见的碰撞下，我们一直倡导的"和而不同""美美与共"在这里有了具象的表达。

在学习方式上，小思经历了从被动学习到主动体验的巨大变化。

> 高中你的重心在于好好学习，可能老师灌输的会比较多。等你上到大学你就会发现，这个世界上其实有很多很厉害的人，他们有很多东西是我们可以学的，（学习对象）从课本变成了身边的人、事、物。而且我觉得大学重要的就是去经历一些事情。

比如，小思在学生会外联部时，晚上12点半还在拉赞助，自己做海报、推文等，"忙到爆炸"，有时候因为工作（拟合同）没有做好，会挨组长和部长批评，但活动结束时，幸福感"爆棚"。这种鲜活的体验，让小思首先在认知层面对很多事物有了直接的理解和感受；在自我层面，"更加自信了"，对自己"认识得更加清楚了"，变得更加独立，"基本上自己能解决

的，我会自己解决"；在人际关系层面，不仅拓展了人际交往范围，锻炼了
与人交往、与人谈合作的能力，而且找到了归属感，"这个组织（学生会外联
部）对我而言就是归属感比较强"。

三　小结

小乐、小思显示出自我主导力的基础水平比较高并且自我主导力的
发展速度比较快的状态，如图 3-21 所示。在大学前的自我主导力水平较
高：总体上处于内外交替阶段的 E-I 水平，其特点是开始建构内在的声音。
进入大学后，自我主导力发展均较快，总体处于 I（E）水平，即内外交

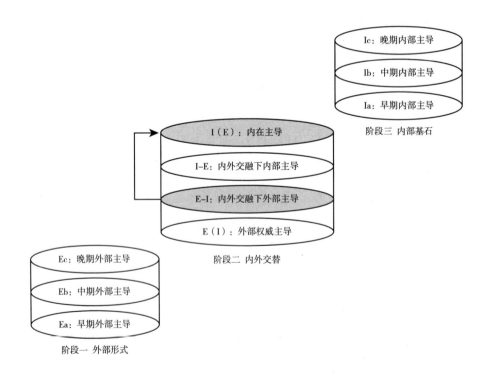

图 3-21　小乐、小思自我主导力水平变化

替阶段，内在主导节点，其特点是开始培养内在的声音。其能够不断建构自己的认知，明白自我如何在情境下理解外部权威的认知；在外部因素影响下，建立自我的价值观和自我身份；在人际关系中，做真实的自我，学会通过相互协商和沟通来满足彼此需求，表现出较高的自我主导力水平。

（一）影响小乐的自我主导力发展因素及机制概述

沉浸文化对小乐自我主导力发展的影响机制如图 3-22 所示。

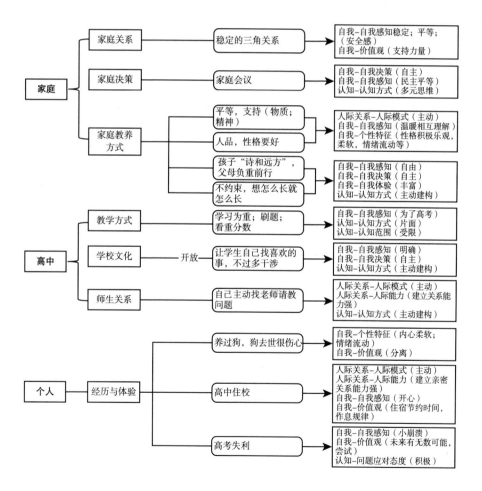

图 3-22　沉浸文化对自我主导力发展的影响机制（小乐）

（1）安全"稳定"的家庭氛围支持小乐对自我的探索。"哪有岁月静好，只是有人替你负重前行"，小乐的家庭给予其充分的支持来发展自己的兴趣爱好，促使她成为"乐观的超级理想主义者"，也为她自我主导力的发展营造了良好的家庭环境。

（2）校园文化自由开放，在更多选择、尝试和挑战中，促进意义建构。小乐的中学自由开放，"因为有了这些空间可以去想自己的事情，就会想看到更多的事，想接触更多的人，冒更多的险"，不断丰富自我认知体系，促进自我主导力的提升。

沉浸文化与植入文化的冲突与协商对小乐自我主导力发展的影响机制如图3-23所示。

（1）人际关系在"亲密"与"孤独"的协商中实现对当下自我与人际关系的悦纳。小乐对过去情感进行悦纳，能够更加积极地看待和接受当下人际关系中某种程度的孤独，获得人际关系与自我的平衡状态。

（2）从一般到多元的人际关系环境，在对过去情感的悦纳中平衡自我与他人的关系。在人际关系维度上，努力走出过去亲密关系带来的失衡状态，在建立关系时尝试理解他人，不过度关注自我，逐渐与不同背景的人建立关系，人际交往能力得到提高。

（3）教育模式从"应试"导向到自主多元的转变，慢慢找到"真正喜欢的自己"，认知体系得以重新建构。教育模式的转变使其更有时间和空间思考"我是谁"，进一步完善内在信念。

（二）影响小思的自我主导力发展因素及机制概述

沉浸文化对小思自我主导力发展的影响机制如图3-24所示。

（1）安全型的家庭依恋关系，温暖而有规则的家庭环境。一方面，小思的家庭比较温暖，能满足小思对安全感的心理需要，给予她空间来发挥其自主性。另一方面，其家庭教养具有一定的规则，使小思的自我发展与社会现

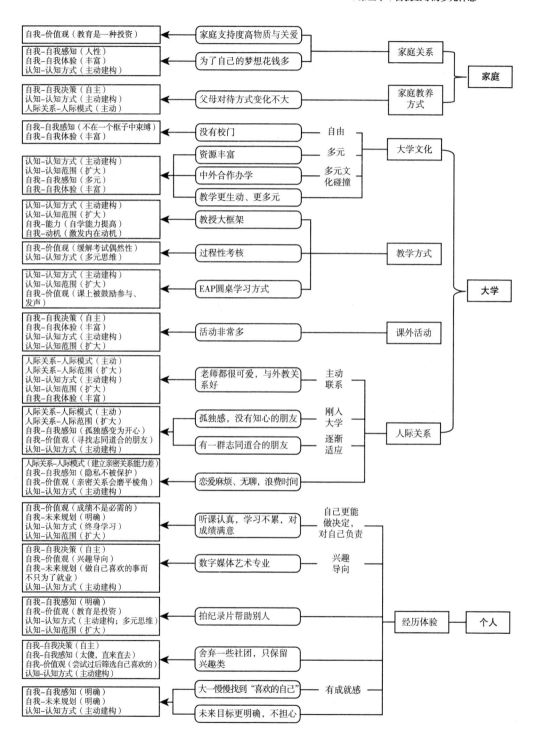

图3-23 沉浸文化与植入文化的冲突与协商对自我主导力发展的影响机制（小乐）

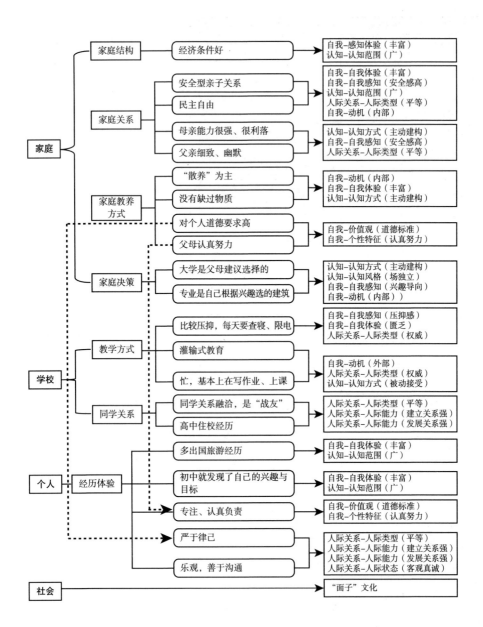

图 3-24　沉浸文化对自我主导力发展的影响机制（小思）

实更加平衡。

（2）小思能够享受"独立自主的生活状态"，追求自己的兴趣，规划自己的未来，在丰富的体验中进行意义建构，回答"我是谁""我想要成为什么样的人"等命题。

（3）在学校教学中，社会文化中的"面子"观念在一定程度上压抑了小思（请教）自我内在的声音，但她"可能会私发微信向老师（请教）"，仍能够积极主动建构自我认知体系，表现出较高的自我主导力水平。

沉浸文化与植入文化的冲突与协商对小思自我主导力发展的影响机制如图 3-25 所示。

（1）从亲密到分离，家庭关系再次获得平衡。大学后"他们俩（父母）每天自己约了人出去玩"，父母选择放手。

（2）大学学习和生活实现了从控制到自由的转变，为小思自我发展提供了空间。

（3）从单一到多元，从被动到主动，在变化中更清楚地认识自我和发展自我。小思在植入文化中积极进行意义构建，更加坚定内在信念体系。对大学环境中的关注点不再局限于知识本身，拓展了认知范围，并拓宽了眼界；在自我的探索上，明确了未来的规划，思考和确定了"以后的生活"。尝试回答"我是谁""我想成为什么样的人"等命题。

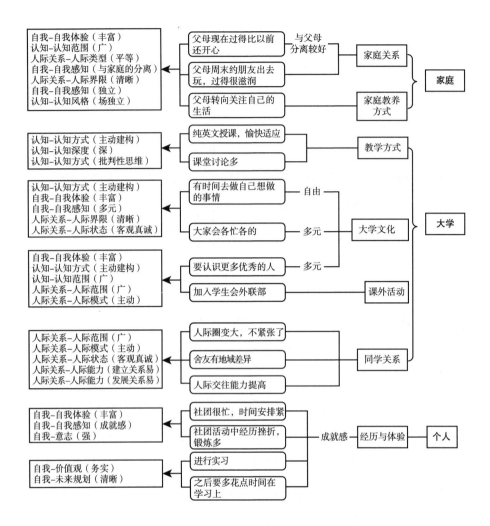

图 3-25　沉浸文化与植入文化的冲突与协商对自我主导力发展的影响机制（小思）

第五节　居中平稳

一　走向独立的"套中人"

（一）沉浸文化对自我主导力发展的影响

1. 在高要求、低亲密度的家庭环境中，习得被动消极的人际互动模式

> 我爸挺严厉的。他要求我把一些小事都要做好，一些规矩就是要遵守，基本上是尊老爱幼或者吃饭的一些规矩，一些传统的东西。他工作也挺忙的，平时管我不多。我妈也很厉害，工作能力强。我还有一个双胞胎的哥哥，我一直感觉自己比他强一点，嫌他烦，有时候懒得理他。
>
> 我爸妈希望我们能接受国际化教育，因为我妈是在外企工作，她觉得这种英语的交流比较重要。他们希望我们自由发展。

在家庭中，小涛（男）的父亲很严厉，平时工作忙，很少管他，但是立下规矩要求他遵守。所谓"无规矩不成方圆"，父亲的做法体现出一定的原则性和权威性，告诉小涛在某些方面是不可以逾越的。这有利于个体树立规则意识，由"他律"转向"自律"，从而促进自我控制能力的提高（皮亚杰，1984；张晓梅，2011）。自我控制是自我意识的重要组成部分，自我控制能力的发展对于个体形成良好的个性极为重要，是个体社会化过程中的一个重要方面（刘金花，1997），它主要包括行为的自觉性、果断性、独立性以及对情绪的控制等因素（谢军，1994）。它直接影响儿童在学习、社会交往和人格品质方面的发展，也是儿童自我发展和自我实现的重要前提。同时，小涛的母亲也很厉害，在外企工作，工作能力强。由此看出，小涛的父母比较严厉、强势，如果父母在亲子关系中给予的温暖和关心不足，规则教育就容易变成权威教育，致使小涛顺从外部力量而很难体会到自我的声音，缺乏独立的自信。

小涛还有一个同胞哥哥，他们之间的关系也比较一般，"嫌他烦，有时候懒得理他"。同胞关系通常是人一生中持续时间最长的一种人际关系，是影响孩子自身发展和家庭未来的一种"强制性"关系（周兰婷，2017）。同胞关系作为促进自我发展的重要来源之一，对个体的情绪管理、信任感、社会适应以及技能的提高等方面具有重要作用。同胞关系不同于朋辈关系，它更具有参与性和互惠的特点，同胞之间的依恋在某些情况下可以成为安全的基础，在困难的情况下可以提供无条件的支持和鼓励。此外，亲子关系的质量也会影响同胞关系（Brody et al.，1987）。温暖、安全的亲子关系会对同胞关系产生积极的影响（Jodl et al.，1999），而父母的忽视、冷漠则容易形成消极的同胞关系或朋辈关系（MacKinnon et al.，1997）。

小涛认为"我爸妈都是放任式教育，他们就是希望我们自由发展的"。放任在一定程度上也可说是忽视，这样的家庭教养方式能够提供一定的空间，培养孩子自主性，但也容易形成亲密度低的亲子关系。家庭成员之间如果具有较高的亲密度，对青少年具有保护作用，家庭提供的社会和情感支持能有效缓解青少年的压力，从而减少其不良行为。Ruchkin 等（2000）研究发现，在缺乏温暖支持的家庭环境中，孩子很容易与家庭疏远，而与有不良行为的同伴接近。且处于家庭功能不良环境中的孩子，容易形成不良的内部心理工作模式，觉得自己是孤独的和不被理解的。从访谈中也可以看出，小涛对家庭的描述比较少，尤其在谈到各家庭成员之间的互动时，他的回答十分简单，似乎在回避这类问题，这反映出亲子关系一般，同胞关系质量也一般。

总之，在亲密度较低、规则要求较高的家庭环境中，小涛习得了较为被动和消极的人际互动模式。在走出家庭后，也往往难与他人建立人际联系，表现出较低的社会交往能力。在人际关系中的疏离，使得他在自我感知上缺乏安全感，自我的力量弱小。

2. 应试教育下时间都被安排好，缺乏独立思考的时间、空间

小涛从四年级开始住校，可以通过这种远离家庭的集体生活锻炼自理能力。但在学习上他倾向于服从学校的规则，认为高中"都是被安排好的"，"那个时间都是死的"，"按照它定好的去过就可以了"。比如在教学上，老师教一段时间，然后安排学生练习，感觉"那样过得挺充实的"。这种已经规定好、安排好的教学方式和知识框架容易使个体产生依赖性，并且习惯于服从外部安排，也会因此缺乏足够的时间和空间去自主探索、思考，难以激发内部动机和发挥主观能动性。在自我和认知方面的自主性受到限制。

值得注意的是，小涛也提到，"在高中学习你也要自主的，外界就算有规则制度，还是要自己具体安排"。这说明，尽管外在规则强大，他仍保留着一定的独立自主性，积极构建内心的声音。这与小涛的家庭环境相类似：有一定的规则，但也有一定放任自由的空间。只不过，小涛把规则看作安全的范围，愿意让自己框在里面。

此外，高中阶段师生交流较多。高中"老师天天都有课，不止一节课。你天天都可以看到他，和他交流"。"跟班主任沟通要上什么大学，有没有学习之类的。"可见小涛与高中老师交流机会多，而内容多围绕学习这一主题，显然与现阶段的主要目标——高考有关。

综上所述，家庭放任忽视的教养方式导致小涛对外部规则产生认同感，缺乏安全感。沉浸文化中的教育多强调学校、教师的主体性，像是另一层枷锁套在小涛的身上，束缚住他向外探索的自我，使得他内在的力量更加弱小，无法真正发展自我主导力。

（二）在沉浸文化与植入文化冲突与协商下自我主导力的发展

1. 从封闭到自由，校园的开放投射出个体的焦虑和不安

> 国内大学基本上是封闭的，感觉那个区域范围内就是他们的大学。我们学校不是封闭的，非常开放，你进出比较自由。（我觉得）封闭一点有可能更好，因为你会感觉整个里面就是你的大学。在生活方面，我们自己安排，有可能太自由了。

西浦的自由这一植入文化对于习惯被家庭管束、被学校管教的小涛而言成了一种挑战。因为自由意味着他需要寻求存在感，需要自主地做选择并承担相应的责任，这对于自我发展提出了很高的要求，显然，小涛还未做好准备。

首先，小涛认为西浦太自由开放了。对于大学"没有围墙"的物理环境，"感觉有可能围起来会更好一点，没有必要特别多和外界接触"。这反映出小涛就像一个被套子裹着的人，倾向于规则、封闭，对于大学生活，他觉得"没有人给你说要做什么，需要你自己安排，不太习惯"，不太喜欢或者尚未习惯出去探索这个世界。

其次，除了学校的大环境，宿舍小环境也让小涛不适应。大学更加多元化，"室友来自各地，生活习惯也不一样"，"感觉我们江苏（学生）没什么夜生活，作息比较规律一点，但他们（来自其他地方的室友）不打游戏也会熬到很晚"。这也成为小涛失眠的主要影响因素。对此，他的解决方式比较简单粗暴，"就是他们要吵的话就让他们安静"，"然后

自己也想办法调整"。而就自己失眠问题，小涛向父母打电话寻求帮助，但并未得到有效的帮助，这进一步表明亲子关系中温暖和理解的部分较为欠缺，只有自己"慢慢适应"。在 Sanford 等人（1994）看来，当个体遇到"挑战"时，如果有足够的"支持"，能够帮助个体解决问题，则有利于个体自我主导力的发展。但是，小涛的问题既没有得到有效的支持，自己本身的应对方式也没有显著效果，导致自我主导力的水平难以提高。

最后，在朋辈关系方面，小涛同样遇到了瓶颈，他难以找到自己想要的好朋友，他归属感不强。感觉大学"比较亲密的少了，不会有很多特别交心的朋友，因为接触的时间也不是特别长"。到了第二学期，小涛对自己的人际交往状态有一种合理化解释，"有固定的朋友，大家平时都是这几个人一起出去玩，自习的时候也约出去一起自习，也挺好"。高中由于是固定安排的班级，不需要个体主动向外寻找，就能较为容易地在班集体中找到好朋友。因而，小涛从家庭中习得的较为消极的人际交往模式并未在学校中得到转变。到了大学，当自由开放的文化要求个体提高自主性时，就产生了问题。另外，在交朋友的问题上，小涛的认知较为偏执。他认为地域、专业、课程不一样，会对朋友相处造成影响。他被束缚在狭窄的"套子"里，认知范围也较为受限。同时，小涛难以调整人际交往模式，缺乏探索新事物的勇气，来突破自己的"外套"，不愿去尝试协调不同的生活习惯，难以结交不同生活背景的朋友。

综上所述，小涛原有的消极被动的人际交往模式受外界环境影响较大，表现出较为稳定的场依存的认知方式，以及消极的内部工作模式，使其在植入文化中面临巨大的挑战。这些挑战性的经历引发的认知失调或许会带来契机，影响小涛的应对策略，使其有机会在新环境中尝试突破自我束缚，转变人际交往模式，进而发展自我主导力。

2. 教育模式上由教师安排到学生主导的转变，促进自主性的发展

　　学习目前没有什么问题，但是现在不会把很多心思放学习上，没有以前（高中）那么认真了。高中的以学生为中心，老师对每个学生都会去帮助他，而大学的以学生为中心是提供平台之类的，不会像高中那样对个人进行保姆式的关怀。毕竟上大学的目的是学到知识，学到一些技能，以后可以工作。

　　大学与高中存在很大的不同。可以说，大学是"学校搭台，学生唱戏"。小涛总体感觉大学很理想、很国际化。首先，大学在课程设置上比较开放，教学设备充足且使用自由，不像"有的大学那种很多限制"。其次，在教学上更具针对性、实用性，"比高中学术一点，有很多科研，或者说就是严谨"；"他们（其他高校）学英语就为了考四级、考六级，我们学英语是为了去使用它，在这个全英语的环境下，英语能力也有一定提升。"大学的教学目的不再是"应试"，而是注重学生的个人素质和能力。这种以学生发展为目的的教学不再服从于外部（考试）的压力，而是强调学生的主体地位，探索个体的自由成长，有助于自我主导力的提高。

　　大学环境与教学理念的改变，也带来对学生个体要求的改变。不同于以往的教学都是由老师安排，服从学校规则，西浦提供了一个需要学生自主安排的空间，在这里学习"更多的是看个人意愿，要你自己规划自己的时间"。"还有一个控制，就自控力。否则就算坐在图书馆，你也不在学习"。这就反映出大学对自主性的要求更高，自我决策的空间也更大。同时，鼓励学生主动"给老师发邮件问问题"，提高学习的积

极性，激发内部动机。此外，"学习是要从一开始有一个好的基础，后面会感觉比较轻松"。在自我与环境的相互作用中，小涛重新认识到自我主体的力量，高中时期自主性的萌芽开始有了更多的空间和土壤供养，自我主导力的发展具有了较为坚定的认知基础。最后，在学业考核方面，注重过程性考核。小涛认为自己这学期"Essay 的分数比较低"，与自己的期望不符，"就感觉比较难受"。因此，"想怎么才能把 Essay 写好一点，然后又认真折腾了一段时间"。说明小涛对自己有较高的期望和要求，为成为"更好的"自己而努力，自我主导力的发展有了自我基础。

综上所述，植入文化中的教育模式尊重学生的主体地位，让学生有机会倾听并且遵从内在的声音，自我的力量会逐渐增强；也让学生充分发挥主观能动性，自主安排时间，不断建构、内化学到的知识，进行更高水平的认知活动，促进自我主导力发展。表现为小涛以往消极被动的状态逐渐发生转变，在认知维度上，调整为自我规划、自我控制；在人际关系维度上，能够主动与老师互动；在自我维度上，对自己提出期望和要求。这些体现出植入文化的教育模式对个体自我主导力发展的促进作用。

3. 在自我规划上，从"期待家庭帮助"到"自己去面对"，个体独立性增强

我还没有成长为"年轻的成年人"，因为还有很多东西不是我自己去面对的，比如学费。有时候还是会想着要依赖自己的家庭，没有做到那种真正意义上完全独立。感觉自己还不能承担很多责任，可能没有准备好，没有办法去面对。但我现在有意识要为以后做准备，比如说我暑假就打算去实习，不仅因为我们学校有 90 小时的实习要求。

现在会考虑得远一点，要为申研做准备。

在选择大学时，学校是"爸妈帮我决定"的，小涛并没有自己的想法，仍旧习惯或者乐于被安排，服从外部权威（父母），自我主导力水平较低。而专业是小涛根据自己的兴趣来选择的，体现出一定的自主性，"我觉得这个（电气类专业）比较有挑战（性），对物理上这些东西稍微喜欢一点"。"但也没有说学这个专业是为了什么理想"，这与小涛经常说的"不清楚""不知道"类似，如此模糊的表达体现了其对自我感知不明确，不了解自己的表现。不认识自己，那又如何成为自己呢？

小涛一开始认为自己的独立性不够强，许多事情还想依赖家庭。在西浦经过一个学期后，周围环境促进小涛对自我发展的思考，其认知发生了较大变化，能够更多思考"我是谁""我想要成为什么样的人"等命题，对自我的感知逐渐清晰明确。"以前没想那么多"，"现在就知道要为以后做准备"，"以后要独自面对很多问题，就觉得自己应该去这样做，也知道要努力"。小涛自我主导力的发展也体现在对自己的未来规划上，比如，"暑假打算去实习"，准备"2+2"。他想感受一下国外的文化和生活方式，并且表示"目标是帝国理工学院"，这种确定也表现出个体内在的声音逐渐坚定，自我主导力得到发展。

在植入文化的影响下，小涛逐步与环境对话，开始自主思考，倾听内在的声音，在这个过程中不断建构内在的信念体系，通过慢慢打破规则的牢笼，开始执掌独立人生的主导权。

二 "真我"与"假我"的较量

（一）沉浸文化对自我主导力发展的影响

1. 缺失的母亲，忙碌的父亲，早熟下掩盖着充满隐患的自我与人际关系

从小到大，父母就说你自己看着怎么好（就怎么做）。我妈在我上幼儿园的时候在（家），后来就出去了，我爸一个人带我。我爸这个人比较粗糙，有很多事情顾及不到，从小到大就觉得自己只能靠自己。我跟家里的人就不是那么亲，我跟爸妈的谈话一般不会很细，就停留在大事上，（比如）上什么学校，怎么选专业，平常一些鸡毛蒜皮的事情（他们）都不会怎么说。

有很多人说我言谈很官腔，不够有亲和力。（我）在外面看似挺活络的，但其实交朋友的话交得不深，会显得孤僻一点。

从访谈中看出，小贾（男）比较偏理性，认知能力较强，但在人际关系中亲密度不高。小时候母亲不在身边，他在幼儿园寄宿，在依恋关系形成的关键期，父母在很大程度上处于缺位状态，直到初中，母亲才回归家庭。父亲工作很忙，在其成长过程中，一直秉持"只保障你物质生活"，其他就要"自己的事情自己做"的教养观念。小贾只能"自己主动地去塑造自己，找一些书看看，了解人应该怎么去成长，应该怎么做一些事情。然后主动投入各种活动中锻炼自己。从小到大，就是自己在教育自己这样一个感觉"。亲子之间"不怎么沟通"，小贾也感到"与他们不亲"。这种忽视型的家庭教养方式，一方面为个体提供了自由探索、自我发展的空间，关注"个人世界观的塑造"，促使其尽早形成了"靠自己"的观念，提高自我管理能力。另一方面，家庭成员之间亲密度不高，使小贾在家中

缺乏温暖和安全感，难以习得如何与他人互动，因而在人际交往中容易产生人际关系障碍（Jenkins 和 Astington，1996），小贾在与他人交流时，"说话比较官方"，产生"孤僻感"。

从婴儿时期开始，我们就发展出了一套防御体系，当自身感觉受到威胁的时候，就会运用它。如果我们的基本需求未得到父母的承认或满足，我们会倾向于认为这些需求是不重要的，并且为了顺从父母的意愿而抑制自己的渴望，不去做自己真正喜欢的事情，这套防御体系很可能会演化出一个"虚假自我"（Winnicott，1965）。对小贾而言，父母是他自我发展的外部权威，他表现出的是父母希望看到的理性自主的那部分自我。其内心真实的感受没有受到足够的关注，只能选择隐藏，其中比较重要的就是情绪情感。小贾也因此未能很好地发展出自我层面的情感感受力和人际关系层面与他人建立联结的能力。

总体而言，在自我层面，小贾培养自主性，发展出父母所期待的理性"虚假自我"；在人际关系层面，小贾与他人建立联结的能力较弱，亲密度低；在认知层面，小贾有看书的爱好，以此探索塑造世界观和自我成长。可见，忽视型的家庭教养方式对小贾自我、人际关系、认知等层面产生了不同程度的影响。他按照父母"期待"的方式生活，本质上还是由外在权威（父母）主导，真正自我内在的声音比较弱小，自我主导力发展水平较低。

2. 学校里"有能力"的好学生，老师给予家庭难以满足的温暖和理解

中学生活为小贾的自我发展提供了舒适的环境。在人际关系上，他的社交能力得到提高。由于学校有固定班级，大家在"同一个框子里"，非常熟悉，朋友比较多。而且小贾会主动联系老师，在活动和学习上表现突出，"各方面能力很强"，"很显眼"，"老师会开玩笑问我有没有谈朋友"，师生关系非常亲密。相比于朋辈关系，师生关系更为亲近。可以看出，小贾很享受这段学生时光，获得了老师、同学的关注和关心。需要指出的是，学校的人际关系是在"同一个框子里"的基础上建立的，这对小贾自主建立关系的能力并未进行有效锻炼。在认知上，小贾表现得比较"早熟"，在家庭的期待中发展得相对较好的理性部分以及喜欢看书的习惯，有利于他对知识的学习，理性认知能力较强。在自我上，倾向于满足外部期待，在家庭中欠缺的关注和被爱，在高中都获得了补偿。

在家庭忽视、学校重视这两种不同环境下，小贾分别以父母、教师等外部权威的"期待"为主导，选择性地发展自我，形成了"虚假自我"，表现为在家庭里"孤僻"的我和在学校里"显眼"的我。其内在"真我"的声音没有得到倾听，更没有得以建构发展。可以看到，小贾自我主导力的发展处于外部权威（父母、教师等）的主导下，即使朋辈的交往也依然存在被动性，但较强的理性认知能力是促进其自身发展的重要基础。

（二）在沉浸文化与植入文化冲突与协商下自我主导力的发展

1. 从"显眼"到"平凡"，外在的关注缺失，自我价值感降低

虽然来自家庭的支持力量较弱，但是中学的体验为小贾的自我发展起到补偿作用。当他戴着一个被他人期待塑造出的"面具"来到大学后，大学全新的环境强烈冲击着小贾原有的认知、自我和人际关系，在一定程度上造成了他自我发展的失衡。大学的植入文化不再是之前培养"假性自我"的"沃土"，这在让小贾感到不适应的同时，也为他"真实自我"的发展提供了契机。面对这一挑战和机遇，小贾能否实现从"失衡到平衡"，脱下假面，发展真我？

大学"年轻的成年人"的育人理念，强调"学生自治"，不像小贾在中学那样对单个学生给予全方位关注，而是面向全体学生，鼓励学生自我管理、个性化发展。这给小贾带来极大的心理落差，从高中颇受瞩目的"中心地位"到现在的"泯然众人矣"，不再特殊和"显眼"，使得那个被

期待的"虚假自我"失去了外部权威的支持，也失去了"观众"，导致小贾自我价值感降低。在人际关系上，小贾无法在社团活动中找到以前（高中时期）比较舒适的状态，当自己表达的观点不被听取或采纳时，就选择放弃；与室友相处时，无法与之很好地沟通因对方打游戏影响自己休息的问题，就自己搬出去住。凡此种种带来的"无力感""挫败感"显示出小贾在缺少外部力量／权威时，难以做到听从自我内在的声音，独立解决问题，在自我和人际关系维度遇到挑战。

2. 从固定班级到"需要自己去选择"，薄弱的联结能力造成无法摆脱的孤独

大学对小贾来说"是一个很社会化的地方"，"提供了众多元素"，"需要自己去选择"，大学的老师很"职业化"，"老师不见得认识你，需要你主动与老师沟通"。在这种强调学生自主的学校环境中，疏远的师生关系对小贾不再具有人际情感方面的补偿作用。而且在朋辈关系上，失去了固定班级的客观前提，他虽然做出了一些探索性的努力，但"到现在还没有找到比较理想化的同学"。由此我们能够看到，小贾在人际关系维度上仍处于外部主导状态，难以主动建立联结，对人际关系的期待过于"理想"，在现实的人际沟通情境中缺乏一定的协商与互动能力。比如，作为社团成员，小贾渴望自己的声音被听到，"我希望自己能掌控一些事情"，不然就不会参与发表意见。这种近乎绝对化的心态，是他想主导人际关系的尝试，也恰恰反映了他"外强中干"的内在自我，致使他"感觉很孤独"，会"服从强势一点的人"，会因无法与室友沟通好打游戏的问题而自己搬出去住。

"孤独感是个体知觉到现实社会地位与期望社会地位之间存在差异，或无法建立与重要他人的情感纽带而体验到的消极情感"（Bauminger 和 Kasari，2000）。大学成为小贾一个人的战场，在这是一个没有他人扶持的

真实情境，要求个体面对真实自我，在这方面他显得力量不足。忽视型的家庭教养方式中的孩子由于与父母的疏离，通常会自己在头脑中创造出一个理想化的父母形象，这样的理想化也会体现在其他重要的人际关系中，而理想化带来的高要求造成了人际交往困难，导致其孤独，进而"创造"出与童年相似的人际环境。大学环境类似于忽视型家庭的重复，重复意味着改变的可能但能否获得改变，需要小贾在孤独中尝试发展内在的力量，建立与他人的联结。

3. 从有人"托底"到将"责任交给学生"，自我主导力在艰难协商中缓慢发展

大学里学习的过程和结果不再有人托底。中学"很多课程是为你准备好的，反正要面对高考，这么多题都得练熟练会，就是盯着练，练了一遍又一遍。高中为你设计了一条路（高考），这条路让你觉得一切顺理成章。因为学校要追求升学率，希望所有人成绩好看，所以老师要帮你托底"。大学"是一个很社会化的地方，虽然要对学生负责，但更多的责任交给学生自己，不可能像高中一样有老师盯着你"。高中学习有着强大的外部动机，"学得好会比别人考得高，我就比你厉害"；但在大学里"就有点懈怠，无所谓了，因为没有别人关注你、表扬你、佩服你了"。缺乏内部动机的小贾在没有人"托底"的大学环境中，突然没了状态，"现在的我也不知道应该做什么，好像没有想象中的那么努力"，这对小贾来说是一个巨大的挑战，但是也刺激了他在认知层面对现状进行思考，对自我动机和未来努力方向展开探索，"我想等到大二的话，定性了会好一点，会有办法调整好"。

除了学习方面，课外活动的过程和结果也不再有人"担着（托底）"。在中学里，活动"发起方都是校方，哪怕你什么都不做，学校最后肯定会帮你弄好，就是说捅了篓子学校帮你担着。这个过程学校参与很多，最后的结果往往也还是不错的"；但在大学里，"更多的是你自己弄，整个过程你要认真准备，但结果有时候不理想，虽然你能感受到自己在出力"。大学的课外活动给予学生充分的自由，学生有机会组织和参与活动的全过程，事实上增加了学生的实践机会，增强了学生的体验感，锻炼了他们自身组织活动、互动合作等方面的能力，不再被外部力量"掸着"的植入文化为学生自我主导力的发展提供了良好的土壤。

大学生活的内容和安排特别强调培养学生的独立性。"因为上大学以后会有更多的事，你在这边要独自生活了，以前我都不怎么买东西，反正每天在学校，然后回家以后什么都安排好了。上大学要自己买东西了，要自己控制花销。你出行父母也不会叮嘱你，到大学来必须得自己独立生活，接受各种各样的事情。"这样的环境让小贾"社会经验增加了，拓展了认知，看世界的角度就会不一样"，认识到"需要自主安排和设计自己的生活还有后面的人生"，而且"少了一些惊讶，多了一些平和"。在自我层面，小贾锻炼了自我管理能力。

总体而言，大学强调"自由""学生自治"等理念，这让小贾感到"很难妥当安排自己"。另外，"现在这种给你选择范围大是好的，理论上我们也应该是自己来挑战一下自己。但是具体到自己做的话，会有一种不安心，自己能不能安排好。"习惯了有人托底，老师"手把手教"的小贾，突然失去了"拐杖"，并且要自己"直立行走"，是他面临的一大挑战，但同时也为他自我主导力的发展提供了良好的机会。在面对沉浸文化与植入文化的冲突时，在认知与行为的错位中，要培养内在自我的力量，迎接挑战，实现成长。

4. 从单一到多元的丰富体验，促进认知和自我的建构

小贾具有较强的理性思维能力，在大学，多元的文化环境和丰富的体验，不断促进他建构认知，学会从不同视角看待事物，有利于其自我主导力的发展。在他的眼中，大学文化多元，"接触的同学很多，不再是同一个市的，有各个省的，甚至还有外国人，接触的老师很多是外国老师，跟中国老师感觉很不一样"。此外，大学里的学生体验与高中有很大差异，"不像高中上课场所很固定。（大学里）经常有各种各样的事情、各种各样的活动，接触多了就觉得不管什么事情都能接受，比较平和"。"这个世界很大，可以学的东西很多，每学一种东西，看这个世界的角度就会不一样。""学东西多了你会觉得认知很丰富，跟别人不太一样。"小贾在认知方面比较"早熟"，"在高中就像个大学生"，这成为他自我发展非常重要的基础。

另外，通过社团活动和参与创业的经历，小贾更加清晰地了解自我的个性和未来的职业发展，明确了自己适合创业的路径，因为"我比较喜欢自己的意见占的比重大一点"；从身边同学"过着符合自己心里想法的生活，过得五彩缤纷很开心"的状态看到了生活的其他状态，这让他对自己现在生活和未来人生方向产生了深刻思考。此时，小贾开始倾听内在的声音，这推动自我主导力的发展走向了"十字路口"阶段。

5. 从服从外部期待到建构自我感知，在正视生活压力中思考自我发展

在自我感知方面，小贾非常羡慕同学自由、自主的生活方式，他们"对生活很有热情"，"人生过得符合自己心里的想法，过得很开心"。这种羡慕是对自己目前状态的正视与反思，当他认识到自己当下是有些不能被悦纳的，并且不再以合理化来掩盖自己时，就有了寻求转变的可能。在有关自我的发展规划上，"我爸以前问我长大要做什么"，这留给小贾思考的空间，到了大学，"在一家公司实习，以后也想做计算机方面（的工作）"。同时，小贾能够正视家庭的经济压力，"想着要先解决实际的问题，尽早能有一些稳定的收入"，"但怎么样去实现这个目标还没有想好"。在人际关系方面，虽然还没有找到"非常理想的同学"，但也会因为功利心去"帮助别人"，积累"人脉"，能够对自己有明确的认知，在大学的环境中不断构建自己内在的声音，勇敢面对这个"战场"，获得真实自我的"重生"。

可以说，高中环境有益于"期待"的"假性自我"的发展，而植入文化中对个体关注度低的大学环境作为家庭环境的重复，对小贾而言，提供了"真实自我"发展的契机。在对两种文化冲突的解决中，小贾培养并不断倾听内在的声音，促进自我主导力进一步发展。

三 隔着万水千山还是靠妈妈

（一）沉浸文化对自我主导力发展的影响

1. 单亲家庭，严厉的母亲，受抑制的自我发展

> 我妈是一个权威，这体现在所有的事情（上）。因为她讲什么我都觉得很有道理，所以就觉得她很多方面都很权威。我对权威的定义是，讲什么事情都有理由让我信服。我妈天然就有这个能力，她的每一句话我都觉得讲得很有道理。她认为不对的事情，基本上不会让我去做，而且她的判断都挺对的。

小丹（女）的家庭情况比较特殊，在她高三（重组家庭）之前，一直是和母亲一起生活（单亲家庭）。"我很小的时候我爸妈就离婚了，我跟我爸基本上没什么联系。"母亲作为青少年生活中的第一重要他人，与青少年的情感联系最密切，接触最早、最多，参与其社会生活也最频繁，其教养方式是一种相对稳定的组合方式（张文新，1999），小丹习得了母亲的坚强、独立。但是，父亲的参与可以使母女关系扩展为父、母、女三方关

系，只有当三方彼此建立起和谐稳定的关系、家庭系统处于平衡状态时，才能更有效促进个体的社会适应（Minuchin，1985）。小丹从小的家庭生活中缺少父亲的角色，与父亲缺少交流和接触，这对其自我发展带来一定的影响。在认知方面，小丹难以了解男性如何生活及其与女性的处事区别；在人际关系方面，因为无法通过父母之间的互动了解婚姻关系，在青春期与异性相处时，她常常会表现出焦虑、羞怯、无所适从，对谈不谈恋爱"都行"的无所谓态度。

家庭中只有母女俩，母亲本身性格又比较强势，从小"对我要求比较严"，"她认为不对的事情就不会让我去做"。在这样的权威形象影响下，孩子只能依恋并且信任母亲，对母亲"盲目崇拜"，认为"我妈是世界上最厉害的人"，自然会形成权威服从型的亲子关系。在小丹的话语体系中，大多以"我妈说"为开头，表现出对母亲的高度认可，在认知方面，小丹自我内在的声音比较小，或者说是在不断内化母亲的观点。此外，"小学、初中的时候，天天跟我妈吵架，那时候叛逆期"，在青春期与母亲的对抗中，小丹显然没有"赢过"母亲，反而更加深了她对母亲的敬畏感。此时，小丹更多是在倾听外部权威的声音，即使有自己的想法，比如"初中出国，和母亲想到一起了"，也可看出是深受母亲的影响，"我妈认为我比较适合国外的教育体制"等，内在真正的声音还很小，自我主导力水平较低。这样的母女共生、服从母亲权威的状态，在认知方面，限制了小丹认知的范围，抑制了她主动构建认知的行为，形成了被动依赖的认知方式；在自我方面，小丹往往"被决定"，使她形成了对母亲被动依赖的个性特征；在人际关系方面，因无法与母亲完成分离，小丹的人际交往的范围受到局限，尤其是建立亲密关系的可能。

稍显幸运的是，作为权威角色的母亲鼓励小丹向外发展。"我妈不喜欢我宅的，从小我妈就带我出去旅游。"对小丹而言，母亲刚柔并济，亦父亦母。既要求严格又能鼓励玩耍，这对她的发展影响较大。在认知方面，所谓"见多识广"，小丹通过旅游来丰富个体经历，使其能够在更广阔的空间认识世界、认识自我，小丹在母亲的认知框架基础上不断与新异刺激碰撞，建构内在的认知观点。在人际关系方面，小丹也能够认识不同的人，形成更加包容、积极的人际交往态度，尝试与不同背景的人形成真实互动的人际关系。在自我方面，小丹能够在看过不同的风景、遇到不同的人之后，增强对自我的感知，这更有利于她认识自我。

到了高三，小丹有了一个新的家庭，在这个重组家庭中，母亲还是一贯强势，"我妈非常容易炸毛，容易发飙什么的，我爸（继父）就比较温和"。能感觉到小丹比较接纳继父。但在家庭决策过程中，"我爸虽然有意见，但是这个意见没有多大效果"。母亲在家往往会"表现得女强人一点"，因此新的父亲角色，并未对小丹产生有效的影响力。不过需要注意的是，这个新的家庭对小丹的自我个体化的过程还是形成了一定的挑战。Blos（1967）认为，青少年正处于第二次"分离—个体化"时期。该阶段并不是简单地早期分离—个体化的再现，而是青春期的另一种情感体验。此时，青少年开始与抚养人拉开距离，从心理上与父母分离，追求更独立和自我，以期待更好地适应社会。家庭因素对青少年分离—个体化过程有重要影响（罗莹，2014）。因为父亲的缺位和对母亲的过度认同，小丹的第二次分离—个体化并不充分。即使后来她的家庭中出现一位继父，也难以满足小丹的发展需求（Jones et al.，2003）。继父女之间的关系将使个体的独立过程变得更加复杂，小丹一方面需要从家庭中分离，另一方面又不得不与新成员建立家庭关系。继父的出现对小丹的分离—个体化进程带来未知的影响。

总之，小丹的家庭比较特殊，从小缺少父亲，只能依赖母亲。她的自我主导力发展带着母亲打下的深深的烙印。

2. 高中学校"有紧有松"，有利于个体内在声音的萌芽

在时间上面，高中课表排得特别紧。还有老师上课的方式比较强调知识点，基本上是你上课、听完课回去写作业……然后就是考勤，高中是每节课迟到 2 秒钟都会被抓。所有事情是规划好了的，你只需要照做就行了。学校周末两天是不给我们补课的，就写作业，然后自习。自习完了以后就复习，复习完了以后，就会去学校周边转一转。有问题老师都是鼓励你当时就问出来，如果你对讲的东西有疑问的话，当时就要问。

高中一方面比较"松"，小丹还能够有喘息的机会，写完作业后就可以出去玩。课堂上，有的老师会鼓励提问交流，由于小丹本身"比较敢讲话"，这有利于她表达自己的观点，倾听内在的声音。在认知方面，"理科的东西比较擅长，逻辑比较强"，"喜欢看推理小说，尤其是凶杀的内容"。作为一种高级认知能力，通过阅读强化的逻辑推理能力有利于建构自我的认知框架，帮助小丹不断建构内在的信念体系。在人际关系方面，有固定的行政班级，"与同学们每天在一起，非常熟悉"，"初中到高一之前与朋友黏在一起"，"与老师相处时间长"，能够建立比较亲密的朋辈关系、师生关系。

但另一方面也比较"紧"，高中阶段的教育面临的最大挑战也是唯一的目标——高考，为了这一目标，老师上课会反复强调知识点，即"哪一条要重点记"，无论怎样的教学设置都是为了应试。时间比较紧张，"课表排得特别紧"；在管理上非常严格，"迟到 2 秒钟都会被抓"；在学生生活安排上，个体只能被动接受，"所有事情是规划好了的，你只需要照做就行了"。这样的"紧"限制了小丹认知的范围，也因为被"规划好了"，小丹

只能被动接受，不利于她在自我方面进行主动探索和构建。

总体而言，在高考"指挥棒"下，中学阶段是以"紧"为主，难以真正做到"放松"。这与小丹家庭教养的主体框架一致，也就是在母亲的权威影响巨大的同时，也给出少量空间，让她向外拓展。因此，虽然家庭环境和中学环境鼓励小丹内在的声音的培养和表达，但实质上留给她自我探索和发展的空间非常有限，不利于自我主导力的发展。

（二）在沉浸文化与植入文化冲突与协商下自我主导力的发展

1. 从"都是听我妈的"到"自己想解决方案"，个体开始培养内在的声音

（大学）就要对自己负责任，像之前有什么事情没做好，也是别人帮你想解决方案，现在要自己想解决方案，如果没有按时完成或者没有做好的话，就没人管你。

西浦强调学生成长为"年轻的成年人"，并在勇敢地探索自我发展的过程中承担自己的责任。之前在选择学校的时候，小丹"其实没什么特别大的想法，都是听我妈的"；现在在西浦的环境中，小丹在人生选择上开始有自己的意见。小丹在努力准备考托福，她说："我只是单纯地想去国外念书，我觉得这个专业还是比较需要实践，我一直跟我妈说，我就算去国外读书，也不想在国外工作，不想在国外生活。""我是那种比较愿意去实践的人"，"我也不喜欢那种朝九晚五的工作"，"我可能以后会创业"。在这里，小丹更多提到"我觉得"，随着大学生活的深入，小丹在对自己未来职业规划的问题上，即使还有母亲的影响，但她能够通过分析自我的性格特点与工作环境、要求等来形成自己的决定。她逐渐有了自己经过思考形成的内在声音，表达出"我"的想法。同时，小丹认识到英语成了当下最

大的困难。但压力也是动力，小丹"感觉自己变得爱学习了"，她"每天坚持练英语听力阅读，已经过（完成）了70多篇"。这体现出小丹较强的意志力和自我控制能力，在人生选择上敢于做决定并勇于坚持，是自我主导力提高的表现（Magolda，2008）。

尽管大学促进了小丹的自我发展，但依然令人担忧的是，由于一直以来过于依赖母亲，没有形成强大的内部动机，所以上大学期间，她还是感觉"比较没有动力，也不太能坚持"。所以我们能够感受到此时她内在声音的微弱，母亲依旧是她的"主心骨"，未能顺利实现个体化，"母女共生"的状态未得到明显的改变。

2. 更加强调自主互动的教育模式，以及"不能混"的校园文化，促进内在的声音的发展

> 我有时候会比较喜欢安逸，如果在一个很安逸的环境中，我一定不会是很上进的那个，感觉自己没有什么发愤图强的心。但是因为西浦不同，这里有很多有自己想法的人，所以西浦不是我说的那种比较安逸的环境，我应该不能混。

此时的小丹依旧处于相信母亲这一外部权威的阶段，自我内在的声音比较弱小，认为自己容易受环境影响。"我觉得每个人都受环境的影响""你周围，你眼里所有人是那种跟你差不多，你就不觉得自己有什么需要改变的。"但是，西浦"有很多有自己想法的人"，也不是"那种比较安逸的环境"。"我一混可能就一发不可收拾，所以我不能让自己混。"小丹对环境的依赖性较高，较多依赖外在参照物进行信息加工。这一方面说明小丹受环境影响大；另一方面也为她的发展提供了良好的契机，尤其是"不能混"的校园文化刺激着她对自我和周围事物的思考和探索。

　　大学在教学方面与小丹的高中时期有相似之处，都强调"师生互动"，小丹自身性格较为大胆，能够在课堂上与老师主动交流，有利于自我观点的表达、认知能力的发展。但两者也存在较大的差异，大学更加"强调知识的全面、系统"，注重"理解背后的文化""培养学生个人素养""时间留给学生，让学生自己看，自己讨论"，给了学生时间和空间"自己去阅读""了解自己喜欢的东西"。在业余时间，其他同学可能会通过看剧打发时间，而小丹"从来不会说有时间不知道干什么"，这体现出小丹较强的自主性。西浦提供了更多的机会以及更多的时间和空间，让学生自己做选择，认识自我，让小丹在原有的知识框架下不断建构内在的认知体系，促进内在信念的发展。

　　3. 人际关系方面，回答"亲密与孤独"的命题，正视自我在与他人关系中的位置

　　在人际关系上，正视孤独。以前由于行政班级固定、应试教育等因素，师生之间、同学之间见面机会较多，彼此比较亲密。"不是只跟班上的同学玩，朋友的朋友也认识"，"会有一些老师关系特别好，有什么问题也会想到去找老师"。但是大学老师"见面少了，也没有关系很好的"。这学期"朋友已经固定下来了"，"有几个关系特别好的同学会约着出去玩"。人际关系的相对疏远，也促使小丹在新环境中回答"亲密与孤独"的命题，她能够找到玩得到一起的朋友，与她自身性格（"比较开朗，不是很怕生"）有关，也是她人际交往能力的体现。在面对问题和纠纷时，小丹能够坚持自我的人际交往原则，表明自我立场，协商解决。"我很少跟别人起冲突，我可能不是很喜欢某个人，但是当着他面我还是能跟他好好讲话。"比如，社团副社长每次开会总是当天通知，并且强调不去的后果，非常专断，"我会在微信私聊他说'下次你要开会的时候请至少提前一天说，也方便我安排自己的事情'"。小丹自身的性格使得她在人际关系上能

够比较自如，不会刻意为获得他人认同而去讨好，这成为她自我主导力发展的良好基础。

但在亲密关系中，小丹看到别人谈恋爱时，男朋友帮忙打水、买早餐等，她觉得这些自己都能做，没有也不想谈恋爱。这一点可能受她的家庭环境的影响，在建立亲密关系时，她常常会表现得焦虑、羞怯、无所适从（Minuchin，1985）。

综上所述，植入文化为小丹的自我发展提供了上进的环境，并且使她为了攻读自己喜欢的专业而努力，但全英文的教学方式也给她带来了挑战。在解决这一问题的过程中，小丹的自我主导力得到了发展，内在的声音更加清晰，开始有了主见。

四　我不是"乖孩子"

（一）沉浸文化对自我主导力发展的影响

1. 严父慈母，父母规划好的未来，"乖孩子"下受限的自我

高中我玩得比较多，成绩下滑特别快，有点惨不忍睹，确实有可能是谈恋爱的原因，反正不太想让他们（爸妈）看到我这个样子，感觉他们会更暴躁。其实我挺羡慕我爸妈的生活，到现在为止都给我很相爱的感觉，还随时随地秀恩爱。我爸让我等大学再谈恋爱，他总觉得我太小怕被人家骗……，好像在我高中的时候我爸就说你未来怎么样，我帮你规划好了，你只要按照我的（规划）去走就行了，我就觉得很不能接受这个事情。还有一件事现在想来也挺不能接受的。当时是我男朋友写给我的一张明信片，我把那张明信片扣在钢琴上，我们家钢琴就在我房间里，然后我去午睡，等我睡醒发现它是翻

过来的，肯定是我妈偷偷进来翻的。我就感觉挺不好的，而且我因为谈恋爱成绩下滑了，也有点心虚。但他们两个就不太注意别人的隐私。

小乖（女）的父母关系很和谐，"随时随地秀恩爱"。稳定的夫妻关系无形中营造出温暖安全的家庭环境。家庭是爱的载体，父母是孩子的第一任老师，其恩爱和谐的相处模式会让孩子习得这种互动方式，有益于孩子未来的人际相处、亲密关系的建立。同时，在自我方面，能够满足孩子对安全感的需要，成长得更加自信。

小乖的父母是比较传统的"严父慈母"。父母都在国企工作，父亲是一名国企的领导，在家里对女儿也会带有这个身份。小乖感到"父亲比较顽固，在有些事情上说话特别凶"，总体上是一个"严父"的权威形象。而母亲则是一个"慈母"的保护形象，小乖可以获得更多的关爱，认为"（谈恋爱）可以和母亲说一下，父亲就不能说"。但是，对于家里的这个独生女，父母的爱也是"有条件"的，即要她做一个"乖孩子"。"我小时候真的很乖，他们说什么就是什么"，"我很小的时候，我爸就来广东工作了。所以，在他的记忆中我一直是小时候的样子"。这种印象影响了父亲对小乖的教养方式，尤其是在她有不符合"乖孩子"形象的行为（比如成绩下降、谈恋爱等）时，父亲会比较"暴躁"，小乖就会"躲"到母亲怀里，呈现一个小孩子寻求安慰的状态。这种有条件的爱影响到小乖的自我感知，个体意识到自己是被期待的，只有表现出"乖孩子"的样子才会得到父母的宠爱。并且，会选择与之相适应的信息进行反馈。比如，在高中时，可能因为谈恋爱成绩下滑很多，"我就不太想让他们看到明信片，看到我这个样子"，还是想在父母面前展示他们喜欢的那一面，这也使得"乖孩子"形象成为小乖面对父母的人格面具。此时的自我发展主要受外部权威（父母）主导。

值得注意的是，小乖与表姐的关系非常亲密。"我基本上每个假期都会去找她，她跟我妈不一样，她可以理解我的思想"，不需要一定要很乖。小乖把内心"理想中的母亲"投射在表姐身上，将其作为重要他人，在其认知理解方面起到补偿作用，这有可能会成为促进自我主导力发展的力量。

2. 父母过度的保护和管控，"乖孩子"面临着自我发展受限的挑战

父母的保护其实也是一种控制，是干涉心理边界的一种表现。受传统观念影响的家长认为，"管孩子天经地义"，孩子无论多大都是孩子，尤其是独生子女，更需要父母操心。小乖的父母对这个"乖孩子"采取的教养方式极具保护欲和控制性。

Blos 曾提出青少年在与父母心理分离的过程中，会借助退化回到与客体的亲密联结，但其伪装的自主会阻碍个体化发展任务的完成（陈珅，2017）。也有研究指出青少年知觉到的父母心理控制与青少年的内隐问题呈正相关，包括低自信、低自尊和低自主能力等问题（Gary et al., 1999）。小乖成长期间，父母一直把她看作"乖孩子"，"从小到大很多事情都是他俩顶着"，就像一把保护伞罩住小乖，父母以爱的名义过度干涉她的生活和学习，很少倾听她的声音，使得小乖缺乏自我体验的空间和自我决策的机会。在恋爱问题上"怕影响我学习，怕我被欺负，可能怕我被骗了，不让我谈"，这迫使小乖学着隐瞒，学会有选择地汇报情况。在有关小乖未来的选择上，她的父亲已经规划好路线，让她"按照这个走就可以了"，强大的外部权威的力量压制内在的声音，打击小乖思考自我发展的积极性和削弱她的内部动机，自我主导力处于较低的水平。

综上所述，"乖孩子"的标签效应使得小乖"本我"强大、"自我"发育迟滞。小乖一方面乐于接受父母的安排，其自主性的发展受到阻碍；另一方面又会想办法逃避父母的约束，促进内在声音的产生。这些都给自我主导力的发展带来一定的挑战。

3. 内心期待独立，在"乖孩子"的面具下形成逆反心理

对父母控制的感知影响个体决定是否反抗父母的控制。已有研究发现，青少年能够感知父母对他们的控制，并对哪些活动应该由他们自己还是父母来控制有非常明确的信念（Smetana 和 Daddis，2002）。在自我方面，高中阶段，小乖开始住校，这在一定程度上远离高控制的家庭，为其自我发展赢得了一定的空间。"高中我玩得比较多，成绩下滑特别快，有点惨不忍睹"，"不太想让他们看到我这个样子"，这表现出青春期小乖自我意识的觉醒和强烈的逆反心理，一方面她想要竭力摆脱父母的管教，力图与过去那个"幼稚的自我""一刀两断"；另一方面，她自控能力不足，很多事情依然要向父母、教师等外部权威寻求帮助，无法真正独立（Erikson，1968）。在独立与依赖的矛盾中、在真实自我与期待自我之间用自己的小心思面对父母，保持平衡。此时，小乖开始倾听内在的声音，但仍受到父母、教师等外部权威的限制。

在人际关系方面，小乖朋辈关系较好，依赖性强。同辈群体是个人成长和发展的一个重要的环境因素，尤其是在青少年时期，同辈群体的影响日趋重要，甚至有可能超过父母和教师的影响。青少年从家庭逐步走向社会，首先面对的就是如何进入同辈群体的问题，并在群体生活中满足某种社会需要（孙元和谢秀钿，2009）。"我一直跟（闺蜜）待在一起"，"舍友都玩得特别好，大家都玩得来"，小乖与同学能够建立平等真实的人际关系，为自我主导力的发展奠定了良好的人际关系基础。

在认知方面，高中教学管理相对比较严格。"老师在上面讲，点同学起来回答问题"，"平常那些题目都是为了考试而输入的"，"挺无聊

的"，因而小乖没有机会倾听内在的声音。同时，"高中老师就是抓得比较紧"，比较强大的外部控制在一定程度上削弱了内部动机，自主性发展水平较低。总之，高中的环境同样不利于培养内在的声音，不利于构建内在信念。

对于小乖而言，沉浸文化中的家庭教养方式使得她发展出"乖孩子"形象的期待自我，强大的"本我"影响了自我定位和认知方式，使她比较孩子气。虽然高中时期有较多的界限，但其并未内化为学生自己的原则。当没有外在的界限，而自我并未在之前培养出足够的协调能力的时候，"超我"显得较为薄弱，或者说自我与超我之间隔得比较远，而更靠近"本我"，因此行为显示出以快乐为原则。其家庭中父母对"乖孩子"的教养方式对自我主导力的影响表现得最为突出。

（二）在沉浸文化与植入文化冲突与协商下自我主导力的发展

1. 从"抓紧"到"开放"，培养兴趣，促进思考

如果一直处于被管着的状态，可能会对以后产生一定影响。比如说不能自己做决定之类的，或者没有办法好好管（理自己的事务）。我觉得大学的环境是有帮助的。

高中老师抓得比较紧，那时英语课就是大家都坐着，很安静，老师在上面讲，然后点同学起来回答问题。但是大学更多的是对话，会让学生有更多的思考空间。高中就感觉像老师在给我们灌输知识，然后大学就是你可以表达自己的想法，互相交流，它会让人有兴趣去学习，课堂会更加有意思，高中就挺无聊的。

对于教育而言，学生的发展是根本，对学生的解放是关键。解放的核心内涵是促进学生心智的发展和自我赋权，在认知、自我和人际关

系三个方面都能实现自我主导。学习的过程本质上是一种知识或者说意义建构的活动，深刻影响学生心智发展和自我赋权的进展。从中学时代的"抓得紧"到大学里的开放，大学"会让学生有更多的思考空间"，鼓励学生"表达自己的想法，互相交流"，这让学生觉得"有兴趣去学习"。这是对自我主导力认知维度的发展，促进学生"更多地思考"，不再是"老师在给我们灌输知识"，这让学生从被动接受外部权威（教师）传授的知识转变为培养和倾听自我内在的声音；而且有"更多的对话"，促进学生从多维的视角来看待事物。在自我维度上，鼓励学生感受自我，并逐步培养自己的"兴趣"。在人际关系维度上，促进学生建立更加平等、互动的师生关系，不必仰视师长，被动接受知识灌输。

2. 从被家庭、学校约束的"乖孩子"到自由中的"叛逆者"，自我意识的觉醒

在自我方面，与家庭共生，难以独立。小乖理解和体验到的自由是"没有门禁"的生活和校园规则的客观宽松，外界环境的变化为其释放"孩子"的天性提供了空间，但在自我探索和发展上未得到很好的体现。首先，表现为小乖个性化逆反的部分。在高中时期因为受到学校与父母的限制，没有机会出去"玩"，而到了西浦之后，父母由于与她物理距离变远"管不着"，没有了这些限制，她有种"拼命地玩儿"的心理，过度补偿之前缺失的部分。就像一个孩子，被家长管控太过，想到一个没人的地方释放自我。其次，发展出自我的"两面派"。在学校"玩得开"，生活作息、学习成绩等也不尽如人意，但在父母面前依然保持"乖乖女"的形象。这是由于在父母面前习得了安全的被期待的自我，发现维持"乖乖女"的形象与父母的爱、欣慰和其他正向的情感能量建立了联结，不愿意打破这一主客体关系的平衡，免得他们"暴躁"、自己"内疚"。此时的小

乖自我依然受父母权威影响，自我的力量薄弱；但在西浦自由的环境中，小乖能够"拼命地玩儿"，补偿曾经的缺失，这是迟来的释放自我、体验自我的过程，也是自我发展的必要经历，为未来自我真正独立迈出了重要的一步。

小乖在自我发展过程中缺乏内部动机，无法主导自我。她只是在认知上自我定义为"大人"，在访谈中多次提到"我自己可以决定"，这是一种独立成长的宣言，但在一些行动上还有较强的依赖性，突出表现为行动力不够，内部动机不足。虽然她羡慕英语老师的生活方式，"去过很多地方，在很多地方教过书，就像环游世界一样"，但也受家庭对自己作为独生女的期待影响，"在一个地方安家立业，有一份稳定的工作，然后有一个美满的家庭"，在理想与现实的权衡下，她依然会选择"带着家庭"走上追求自己生活的道路，"那种向往的生活方式，我觉得很难（实现），我爸妈应该不会同意，（如果真的遇到了这种情况）就说服他们，然后把他们也接出去"，体现出小乖与家庭难以分离。目前小乖已决定"去国外读研，再回国工作，爸妈也这样觉得"，这体现出父母在其决策过程中扮演着重要角色。

在个体的行为中，内部动机和外部动机都会起作用。当人们认为自己的行为是由很强的外在原因引起时，他们会低估内在原因对行为的影响程度，激发行为的外部动机可能会削弱行为的内部动机（Morgan，1982）。对小乖而言，家庭的"支持"过多，降低了外在刺激对自身引发的危机感，即使能意识到自己成年人的身份，也不会有足够的内在动力付诸行动，从而导致其自我主导力未得到很好的发展。

同时因为自我主导力发展水平较低，小乖在解决问题时采取失能导向策略（逃避或心理脱离，无法直面问题、解决问题），不够成熟，情绪的自我调整比较困难且缺乏自制力。"我感觉没有办法把那个（消极）情绪从身体划分出去，然后静下心来投入另外一个事情当中。"对小乖而言，学好数学是重要的挑战，但她倾向于外部归因，认为是老师的问题。虽然她打算课后看课件自学，但行为上缺乏自制力，"离不开手机，学到一半很容易被诱惑过去。比如忽然想要听歌，就一直听到没电。"

尽管依然无力主导自我，但西浦的自由环境和多元文化仍让小乖感受到生活方式的多样性和自己未来生活的更多可能性。在未来规划上，父母的意见占据重要地位，但她"羡慕英语老师的生活方式"，"想去国外读研，再回国工作"等。这至少体现出小乖在认知层面否定了父亲作为外部权威的定义，不再完全同意其父亲说的"你未来怎么样，我帮你规划好了，你只要按照我的（规划）去走就行了"。在认知和自我的维度上，小乖开始表达自己的意见："我不是乖孩子了，因为我觉得早晚我都要一个人去面对社会，不可能一直依赖他们，也不可能所有的事情都听他们的。"

3. 感受孤独，学着独立，在人际关系环境从同质化到异质化的转变中发展人际关系

朋友变多了，而且朋友更加地"分类"了。我以前跟闺蜜基本上一直待在一起。很多事情也都找她。现在比如说，我想去喝咖啡，我可以叫一个专门的朋友出来，我想去看电影，我可以叫（另）一个人出来。高中跟闺蜜相互（之间）依赖性是非常强的，甚至有时候我去吃饭、上卫生间都不想一个人。现在会感觉到有那么一点点的孤独，心理上的独立性会更强一些。

在人际关系方面，小乖在大学里感受到与中学不同的室友关系，"不像以前走得近，那么亲，就是没有以前那种让人很想回去（回宿舍）的

感觉", 而且大学里行政班同学关系一般, 这使小乖在审视自己与同学的关系时变得冷静, 也因为相互依赖性降低的现实让她越来越把依赖的重心放到自己身上, 不再过多地去依靠别人。这是自我主导力增强的表现, 更加信任自我。同时, 人际关系界限进一步明确, "我跟室友的关系就是那种普通朋友, 社团有的关系会更好"。"室友和我是截然不同的两种生活方式。"在与室友相处中, 小乖也有一些努力建立一种友好关系的期待和行为, 并且能够积极理解他人, 坚定自我的选择, 这体现出小乖能够倾听内在的声音, 选择适合自己的人做好朋友, 也能够处理好一般的问题, 建立平等真实的人际关系。此外, 以身边人为参照, 促进自我认知的发展。小乖所选择的恋爱对象与自己很像, 充满独立与依赖的矛盾。

> 我希望他(小乖大学的男朋友)能多考虑一下我的感受。他是喜欢我听他的话的, 如果我很听话, 他会很开心。之前因为我很黏人这件事情就有吵过架什么的, 现在我基本上不怎么黏他。

这让小乖得到的"镜像自我"明确了自我感知, "我自己也这样", 看清了自身需要提高的地方, 并且"下学期我会和他谈", 要给予彼此"独立的空间"。以前面对的问题是唯一的也是明确的——高考, 现在, 未来充满了不确定性和自主性, 周围的同学在考虑实习、未来的发展等问题, 为小乖提供了参考视角, 促进了她对自我的思考, 内心声音的产生。良好的人际关系一直为小乖的自我成长提供养分, 她能够建立亲密的关系, 并且善于从别人身上获得自我发展的能量和信息, 这为其自我主导力的发展提供了坚实的基础。

五　自性化之路

（一）沉浸文化对自我主导力发展的影响

1. 弹性与理性兼备的家庭文化，个案行走在"自性化"的路上

　　一个家庭在其自然的演变中所经历的许多阶段均需要建立新的家庭规则和新的子系统，也必须划定子系统间新的分隔线。在这个过程中，不可避免地会出现冲突。在理想的情况下，这些冲突会通过过渡期的妥协和协商得到解决，之后家庭会成功地适应新的规则。所以弹性（协商）和理性（规则）对家庭以及家庭中的每个成员的成长有着重要影响（徐汉明，2010）。

　　从访谈中了解到，小梓（女）的父母关系很和谐，营造了安全稳定的家庭环境，有利于她身心健康成长。其父母秉持"你自己喜欢就好"的教养观念，给予小梓较大的自主选择空间。但她小时候"没有怎么被宠，大了好像反而稍微好一点"。这种弹性与理性兼具的家庭教养方式深远地影响着她的"自性化"之路和自我主导力的发展。

　　在富有弹性的家庭关系中，小梓能够做到培养自己内在的声音，在时而自我肯定时而自我否定的交替中，逐步做到自我接纳。当谈及为什么选择西浦时，小梓回答说："其实一开始是我爸妈跟我推荐的，（他们认为）这个学校比较好，但是我一直想冲'985'高校，后来分数差了一点点，就来了这个学校。"可见当初在选择学校的时候，她对自我的要求比父母对她的要求更高，说明她的自我接纳程度较好，相信自己内在的声音。但高考分数没达到对于她而言也是一种打击，让她多了一点自我否定，所以她的自我认识是一个动态的平衡过程，时而对自己有信心，时而又怀疑自己。

　　在弹性与理性兼具的家庭环境中，小梓在顺从或者内化外部权威（父

母）的摇摆中，形成了独特的内在防御机制。

> 笔者：你是比较听父亲母亲话的那种人吗？
>
> 小梓：嗯。
>
> 笔者：是的是吧？
>
> 小梓：嗯。

非常简单的"嗯"式回应，反映出她的回避，不想讲更多了，但实际上她内心有更丰富的想法。可以推断，她在生活中与教师或父母这类长辈或权威沟通中，如果权威方给出了比较鲜明的观点，甚至希望她能够听进去、顺从或内化，她的应对方式就是沉默式回避。看起来是听话的、沉默的、不反抗的，但实际上她内心是反对的，只是不表达并通过这样的防御机制来更好地保护自己内心的真实想法和感受。

接纳自我以及在与环境互动中的自我防御，都是自性化历程的重要事件。荣格使用"自性化"这一概念所要表达的是这样一个过程：一个人最终成为他自己，成为一种整合的或完整的但又不同于他人的发展过程。于是，自性化意味着人格的完善与发展，意味着接纳与集体的关系，意味着实现自己的独特性。从荣格的分析心理学看来，自性化的人才是真正"和谐的人"。具有真正自我主导力的个体也应该是真正实现自性化的人。

从访谈对话中，我们能感受到小梓是比较内向、寡语的。当被问到"你是一个什么样的人？"时，小梓回答说："就是见生人（第一、二次见面）的时候比较内向"，"要接触好几次才比较放得开"，此外觉得自己"蛮认真的"；另外"有的时候有点固执，有的时候可能比较认死理，坚持自己的想法"。在对于自我认识这个问题上，她第一反应是她在和不同的人交往的时候，表现的开放程度是不同的，是一个慢慢打开的过程，这是"待人"。她的第二反应则是"蛮认真的"，体现在做事情上，这是"处事"，通过访谈者的澄清，这进一步体现在"基本上布置的任务会一丝不苟地完成"，这个层面体现了一定的被动性，不是"我想做的事"而是"被布置的事"。这体现出她在做事的选择上没那么主动、积极，自我选择的意识至少没有那么强烈。在对自我认识这个问题上，小梓围绕着"待人处事"这个原则展开，很有中国传统文化的味道。在思考待人、处事这两点之后，她提出了"固执"这个词语，其实是自我意志的体现，乍看起来，与之前做"布置的任务"有一些矛盾之处，但这正体现了小梓的自我意志还在一个过渡期，一方面会延续前一个阶段听从外部声音、被动完成某事的状态，另一方面希望能够遵从自己的想法和选择，并且后者会逐渐占主导地位。这也是人格更成熟、完成"自性化"的过程。

2."我觉得女孩子还是要安稳一点"，社会文化影响下的性别角色认同

波伏娃在《第二性》中就意识到了男女社会性别差异的问题。她说："男女之间的差异是他们的环境不同的结果。"在该书中，波伏娃还提到了社会在女性塑造中的重要作用，她说："女人是逐渐形成的。从生理、心理或是经济因素，没有任何既定的命运可以决定人类中的女性在社会中所表现的形象。小梓多次表达要"找一份比较稳定的工作"，因为"我觉得女孩子还是要安稳一点"。小梓对女性的职业、个性及自我发展的观点体现了沉浸文化的价值观，内化了中国传统意义上对女性的身份定位，这对其自我主导力自我维度的性别角色认同的塑造产生了非凡的影响，这样的内化也是一种平衡。

3. 高中应试教育影响下，受限的自我发展空间

高中的知识是方方面面的，比较广，老师上面讲，我们就在下面听着。然后老师及时地布置作业，完成后让你交上去。老师上课会非常系统地讲知识点，填鸭式教学，比如说今天来讲一个定律、一个公式，一步一步演示，讲完之后说去做题、去练习，会按照这种方式。

"教，上所施，下所效也。"教育的本质在于对人的关注，让每一个个体能够有独立批判的思维，能够做出自己的选择和行动。小梓的高中教育是"老师上面讲，我们就在下面听着"，学生需要及时上交老师布置的作业。这种上下分明的灌输式教学体现为在认知上强调老师的权威，在自我上忽视学生的感受和自我探索，在人际关系上形成明显的教师权威。"基本上布置的任务会一丝不苟地完成"，体现了小梓在应试教育环境下意识和行为的被动性。另外，因为应试教育环境中没有提供更多的机会让她进行自我选择和规划，"都是老师安排"，也造成她自己"习惯被安排"，依赖外部权威。对小梓而言，应试教育模式和灌输式教育环境未提供足够的机会让她培养和倾听内在的声音，使她较为被动地受到外部权威的影响，更多认同当下现实的安排，限制了自我主导力的发展所需的空间。

（二）在沉浸文化和植入文化的冲突协商下自我主导力的发展

1. 自由、多元的大学环境，促进独立能力、人际关系能力提高

在教学中，一半是教，一半要靠自己（学）。大学就是专攻一门（学科），往深入去学。要思考问题，就不能从单一的方面去思考。大学里有的东西看起来是定义，但是需要推导出来；小组讨论时组员之间能交换观点，还能练一下自己的口语；别的话就是回帖，什么都是网上，还有写

Essay 也是在电脑上完成。课余时间挺多的，但也使得教的东西相对比较少，你要自学的多。

大学生要实现人格的完整和独立，建立家庭以外的亲密关系，发展良好的社会情感，需要"分离—个体化"的能力，即具有在心理上和原生家庭分离或分化、在对父母的依恋和自我独立之间取得平衡的能力。由此可以看出，小梓的分化能力较强，"能够在与他人的关系中同时体验到亲密与独立的能力"。

来到大学，首要面对的是与父母距离的拉大，开始过人生中第一次"宿舍集体生活"，感觉"比较独立了"。以前生活上"主要依赖父母"，学习上"就是老师安排"，现在则要"自己的事情自己做"。"独立"成为大学提出的新命题。在全新的环境下，"感觉父母比以前更宠自己一点"，并且在遇到问题的时候"和朋友有的话不能说，就会跟父母说"，安全的亲子关系依旧为小梓提供了强大的情感支持，帮助小梓尽快适应和成长。此外，师生关系的疏远也有利于个体尽早独立，不再过于依赖老师，"有的错误你自己会慢慢认识到，不需要与老师交流"，"找老师没有必要，自己可以解决"，体现出在要求自主、自立的大学环境中，小梓能够较好地适应这种外在变化。

在宿舍关系上，小梓慢热的性格使其在第一学期接触后，与室友逐渐熟悉，能够主动"提醒熄灯"协调大家的作息时间，满足自我需求，不会为寻求他人认同而委屈自己。大家相处融洽，可以让自己"敞开心扉"，有利于小梓形成归属感。同时，室友具有积极的学习态度，大家能够"同气相求"。早上去图书馆，晚上回到宿舍做些自己喜欢的事情（比如看动漫），每天都能够有所收获，非常充实。此外，小梓和英语班的同学也有关系比较好的。在人际交往中，体现出小梓的"和谐人际关系观"，与不同背景的人建立真实、相互依存的人际关系，体现出其较好的人际关系基础，有利于自我主导力的发展。

自我分化良好的个体能在家庭中同时维持独立自主与情感联结的平衡，他们在与人相处时能够保持清晰的自我感，能够处理好"我"的位置，在面临他人压力时能够基于理智坚持自己的信念，而不需要迎合他人的期望。小梓的自我分化水平正常，身份认同与人际关系都达到平衡，这与她在新环境中的良好适应相关。

2. 多元包容的大学文化氛围，促进个案自性化的发展

小梓在心理上和原生家庭的分离中，逐步提高了她在依恋和独立之间平衡的能力，这支持她（更好地适应新环境），同时推进了小梓自我同一性的建立：自我分化—自我接纳、自我排斥—自我同一性。

通过访谈，笔者发现小梓对自我发展有积极的认知，如循序渐进地放开，目标是一步一步达成的，这是对植入文化逐步接纳的过程，也是与环境达成平衡的过程。在人际交往中，也体现了小梓多元和谐的人际关系观，如"每个人都有不同的想法，需要接纳别人的想法"。这样的多元化观点，既是小梓对人际关系的自我构建，更体现了她对自我以及自我与环境之间关系的包容接纳的态度。

埃里克森强调人在发展过程中自我与其所处社会环境的相互作用。从访谈中，我们可以看到小梓与外界环境的协调，最后达成自我平衡、自我和谐，在个体—环境互动中，小梓知道自己坚持什么，同时又能适度融入环境（植入文化），在独立与融入之间既有张力又有缓解的能力。

"自性化"意味着人格的完善与发展，意味着接纳与集体的关系，意味着实现自己的独特性。访谈中小梓在谈论自己和西浦的学习生活情况时，都体现了她是一个有节奏感的人，强调循序渐进地成长。在自性化的道路上，内心力量逐渐增强，更加具有力量进行自己的选择。

3. 从灌输式教育到平等互动，中西文化交融中促进认知发展

西浦"给自己的空间大"，课堂上强调互动，更为平等的交流方式有别于高中的权威灌输，有利于自我认知的发展。"在和小组交流中"锻炼表达能力，认识到"没有绝对的对错"，"老师也不断地强调（批判性思维）"。教学环境中有外国老师、外国学生，可以通过他们了解国外的生活方式，让自己的"视野不局限于国内"。这些外部环境的变化为小梓发展独立自理能力、表达能力和批判思维能力提供了有效的资源；同时，小梓在与环境互动的过程中扩大了认知范围，丰富了认知维度，建构了内在信念，促进了自我主导力的发展。

此外，西浦的教学是全英文授课，"老师上课上得快"，"讲得少，自学多"，对此，小梓认为要一半靠老师教，一半靠自己学，"循序渐进"，"要有自己的打算，规划好每天的生活"，"分清主次，不要拖到最后"，"慢慢就适应了"。这一方面表现出她对植入文化的接纳过程；另一方面在依从外部的安排还是自主选择之间，目前她是"五五开"，也就是自我意志处于一个过渡期，有了一定的自我意志，但力量还不够。在她这个年龄选择这样一种方式去成长（不断增强自我意志，倾听自己内在的声音）是比较稳妥的、平和的。同时，接纳过程的缓慢展现她较慢的自我成熟的节奏，也符合她"慢热"的性格特点。

西浦提供了较富挑战性的环境，小梓在自我适应的同时，也积极主动寻求帮助，不仅是在情感方面寻求安慰，在知识获取上也会寻找支持，认为"知识要学以致用"，"知识的学习不只是从老师那方面（获得），还有自己看书，问同学"。面对"特定环境大学植入文化带来的变化"，小梓尝试与环境对话，主动寻找到周围可以利用的外部力量支持，包括家庭、学校、朋友等，积极协调沉浸文化与植入文化间的冲突，与环境达成平衡，从而促进自我主导力发展。

综上所述，小梓知道自己坚持什么，同时又能适度去融入环境，在与环境的对话中，不断建构自我信念，倾听内在的声音，解决亲密与孤独等命题，促进自性化过程。

六　不沾边的我

（一）沉浸文化对自我主导力发展的影响

1. 专制型的家庭教养方式，自我同一性过剩下的逆反心理

我爸相对强硬，我妈在（跟）我有不同意见的时候，她顶多说"随你"，我爸会用各种论证去努力说服（我）。比如说高中学习方法的问题，我那个时候成绩有波动。我爸想把我的成绩稳住，不知道他听哪个专家说的，说改错题是一个很好的方法，执意劝我去用这个方法，试图来提高我的成绩。

小边（男）的父母都是教育工作者，"我妈是（学校）行政（上）的，我爸是体育教师"。在对孩子的教育问题上，母亲"一般不会干涉我决定一些重要的事情，都是让我来，大概是这样"；而父亲则相对强硬，会用各种论证来说服我们。在这种高控制的家庭教养环境中，小边表现出了"自我同一性过剩"（too much of Ego Identity）的特点，即对自我存在过分放大，或是过分以自身认知干涉外界，也就是俗称的"太把自己当回事"，主要体现在无意识地强调自我、人际关系中的以自我为中心。由于家庭教养方式"专制"，小边自我同一性在青春期发展过程延缓，以致进入大学才有机会对自我进行探索，过度强调自我，产生盲目乐观的情绪，并影响人际关系。这种"自我同一性过剩"在访谈过程中也有多处体现，如"我

感觉我跟他们（父母的性格）都不沾边，他们就属于那种，交际范围比较广（的人），但我属于稍微有点内向"，"我是自己想做什么事情就做什么事情，最终决定权肯定还是在我，他们剥夺不了，这个我知道"，"我秉承一个原则，就是该讲话，我一定要大胆讲。我自己觉得时机不对，尽量闭口"，"别人干涉不了我，我也不想干涉其他人"。

研究表明，父母的过分干涉会使孩子产生逆反心理和自卑感，使其对学习和生活感到抵触、厌恶和失去信心。这种逆反心理在小边身上表现得尤为明显，如"初高中的时候，别人唠叨你学习，唠叨你今天衣服穿得不够多，这个时候也会心中莫名地出现一股火。就是，我做什么你管得着吗？就是那种感觉"，"我这个人就比较怪，不觉得过多操心别人的私事是一种好现象，就是说，有可能我母亲今天升职，她本来喜悦地告诉我，我顶多就会说一句'我知道了'"。这种家庭教养方式存在的隐患在于，有的孩子一旦离开父母的严厉管教就会失去自我管理的能力。

2. 依靠自我的成功经历，别人说的我一概不想听

我不知道我这种算不算自负，我以前比较难听进去别人的一些想法，尽管他说的有可取之处，（但是）我都不会去听，可能就是一种习惯。自己的事情自己做，听别人的会感觉好别扭，这种心理在作祟。

从初中开始，我就有点听不进别人的意见了，可能飘飘然了吧，因为那个时候我通过自己的努力也获取了一些成绩。比如，从原来的学校（排名）垫底一直排到靠前（的名次），这么大一个提升，你想想一个小孩子心里肯定乐开了花，就从初三那个时候起我仍然是顶尖，同时也增强了我自信甚至自负心理。

从访谈中我们可以看到，小边在自我方面呈现一个鲜明的特点——自

负。自负，能够坚持己见，说明自我主导力水平高吗？显然不是。小边对待他人的意见、甚至在其有"可取之处"时仍然充耳不闻，固执己见，不能与周围人的观点互动、协商。

这反映出小边的内在自我不够强大，难以用开放、包容的心态或视角对待不同的观点，并在此基础上做出决定，表明自我主导力发展水平较低。

从小边对其大学前教育环境的描述不难发现，应试教育以及以高考为导向的教育模式，使其承受巨大压力。

> 到了高中其实挺累的，各科老师在旁边督促你，你自己要去管，还要完成好多好多的习题。不睡觉之类的（现象）我在高中其实也有。

在这种环境下，家庭与学校对孩子的学业表现关注度高，容易忽视孩子的其他才能。家庭的"苦口婆心"以及学校的"督促""管"，使得小边感觉"很累"；加上中学阶段正值青春期，这一时期学生的独立意识和自我发展意识增强，他们迫切希望摆脱各方面的约束，这种环境使小边觉得"烦"并急于摆脱。初中靠自己学业取得巨大进步更是加深了他"靠自己"的观念，极大地激发了他的自信心，"有些飘飘然"甚至"自负"，难以听取他人尤其是父母的意见。这种过分的独立意识则把独立误解为不需要别人的帮助，不参考他人的观点。这种自以为是的状态并不是真正能对自己负责的独立。小边的逆反心理实质上是为了寻求独立、寻求自我肯定，保护正在逐渐形成的自我。当然，这是青年阶段心理发展的必经过程。在青春期特有的成功经历对小边自我主导力发展的影响体现在认知、自我和人际关系三个维度上，但小边均过于自我肯定，而否定了外部环境的因素，难以听见外部的声音，不能与外部环境（包括权威）进行很好的协商。此时的小边依然表现为与他人的

"不沾边"。

（二）在沉浸文化与植入文化冲突与协商下自我主导力的发展

1. 父母从片面关注学习到关注生活的方方面面，孩子在距离中学会换位思考

> 他们现在不会操心我学习的事情，至少不会再说你要做什么错题之类的（话）。但是他们会关心我的一些近况，比如说期中考怎么样、伙食费够不够、跟舍友相处得好不好这样的问题，这些东西都是小事，但他们会问我，我也理解他们。

进入大学后，由于距离远等原因，父母对小边的约束力明显降低。父母对待他的方式也发生了变化，从之前片面关注学习，转变为关注孩子生活的方方面面。研究表明，父母的理解和信任使子女产生温暖、信任和安全感，并形成良好的个性与学习习惯，子女会在这种良好的生活与学习习惯中形成关于时间的良好知觉，设定目标，以此形成时间价值感和监控感。小边在父母教养方式调整以及西浦植入文化浸润的共同影响下，做到了"去中心化"，即不仅关注自我，还能关注他人，心理上从半成熟、半幼稚的青春期状态转变为对自我概念更明确、自我认识度更高的状态。尤其是在人际关系上，由从前"不会去参加父母的聚会"到现在"回去大家说我在待人接物上成长了"，"态度上变得更加主动"，"不想让别人感受不好"，"有时候嫌爸妈烦，但是不会说出来，知道他们心是好的"，跟父母的相处也有所改善。这表明小边在人际交往中开始真诚客观地考虑他人。大学生离开父母，减少对父母的依赖，获得独立性，发展自主性，但这并不是说依恋关系在整体上变得不重要了，因为自主性必须以安全的亲子依恋关系为基础。良好的亲子依恋关系为个体探索自我和外部世界提供了安全基地，在其完成自我同一性发展任务

时起到了重要的支持作用。小边在强调内在自我的同时，开始关注、感受并渐渐倾听外部的声音。从"不沾边"到尝试"沾边"的转变，是自我主导力真正发展的表现，小边正走在这条路上。

2. 从外部动机到内部动机，大学的自由教会个体自我管理

　　高中各科老师在旁边督促你，要完成好多好多的习题。大学的话，我跟我以前那些朋友联系过，他们现在基本上玩得不亦乐乎，但是在西浦我没有感觉到。相反，我觉得自己不容易堕落。你想玩游戏可以，但是首先你知道自己的 DDL（Deadline，截止日期）。你再看你旁边的室友正在赶论文的最后一部分，很快就要完工了，你上铺那个室友早就出去了，他在参加各种各样关于社团（的）事务。还有一个室友到处询问兼职等方面的信息。这个时候你再看看你自己就会觉得，你也是个大学生啊，你至少给自己找点活干。

对小边来说，大学最大的挑战来源于学习。"在 DDL 前一天我才提交，所以我发现自己真的有拖延症。"拖延的实质是时间管理问题，大学前，不管你想学还是不想学，家长和学校都会"架"着你去学习，而大学是要求自我管理的，这种外部动机到内部动机的转换，为小边带来了挑战。同时，小边受到朋辈关系的积极影响，比如室友在学业、社团活动中表现优良，给他树立了学习的榜样。同龄人间或心理发展水平相当的个体间在行为上很大程度会受到其同伴的影响。朋辈关系在青少年的发展和社会适应中起着重要作用，这种作用也被称为"同伴影响力"（Peer Influence）。而这样的同伴影响力能促进个体更快摆脱"自我中心"化的倾向。

西浦的自由不是无条件的自由，而是更多自我管理的自由，意味着需

要自己主动去寻找资源。在经历"挂科"（考试没过）的挫折以及反思后，小边觉得"自己觉醒了，觉得自己应该去做一些实事"，认识到了自我管理的重要性，"学习、生活方面都得靠自己了，自己就必须得有一些规划，比如说各种各样的自习，必须抽时间，必须自己安排时间"。西浦自由的环境带来的挑战对自我主导力发展产生影响。在认知上，小边进行了反思，并认识到别人的建议"可能要听一听"；在自我上，小边开始培养内部动机，尝试做到"更加主动"，强调"自控力"，并能够通过向朋辈的榜样学习，提升自我。小边此时开始打开自我边界，但仍然表现得小心翼翼，不够放松。

3. 父亲推荐大学，自己选择专业，灵活的转专业设置帮助个体了解初心

大学主要是父亲的推荐，"他看中了这里的发展空间，他觉得先去国外见识一下世界再回来会比较好一点"，而在专业的选择上，小边选择了"最喜欢的专业"。在刚入大学时，小边由于自我管理上的"拖延"，在学业上遭遇了挫折，也转了专业，但是在这学期调整之后，小边又改回了原来的专业。"主要是觉得，虽然说这两门课你看上去好像相同点很多，但是可能我想这就是我的初心。"这次转专业的经历是小边对内在的声音与外部（父亲）意见进行协商后并遵从内在想法的鲜活表现。在此之前，小边的重要决定，如选择大学在很大程度上是父母意见起了主导作用。而转专业之后，他确定了自己的"初心"，认为这个专业才真正是自己的选择。

七　小结

这六个个案在大学前的自我主导力水平处于低水平组与高水平组之间的 E（I）水平（内外交替阶段，已经开始质疑外部权威）。进入大学后，依据马格达对自我主导力发展十个节点的划分，居中平稳组个案的自我主

导力水平在大一学年结束时只有一个节点的提升：总体处于内外交替阶段
的 E-I 水平，开始建构自己内在的声音（虽然能够主动倾听内在的声音，
但外部声音仍占主导地位）。自我主导力的基础水平、发展速度均为中等
程度，故称为居中平稳型，如图 3-26 所示。

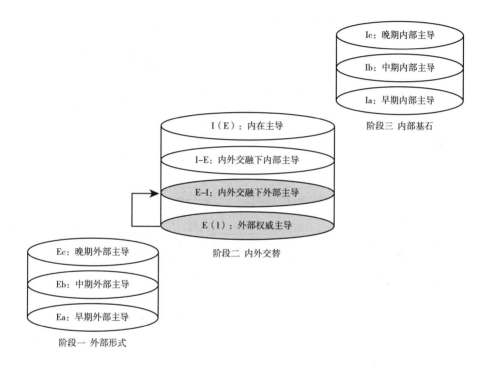

图 3-26　小涛、小贾、小丹、小乖、小梓、小边自我主导力水平变化

（一）影响小涛的自我主导力发展因素及机制概述

沉浸文化对小涛自我主导力发展的影响机制如图 3-27 所示。

（1）小涛父母平时工作忙，很少管他，但是立下很多规矩要求小涛
遵守，家庭教养方式严厉。小涛从四年级开始住校，这种低亲密度、多规
则、高要求的家庭环境，使其形成了被动消极的人际关系模式，不利于其
人际关系维度的发展。

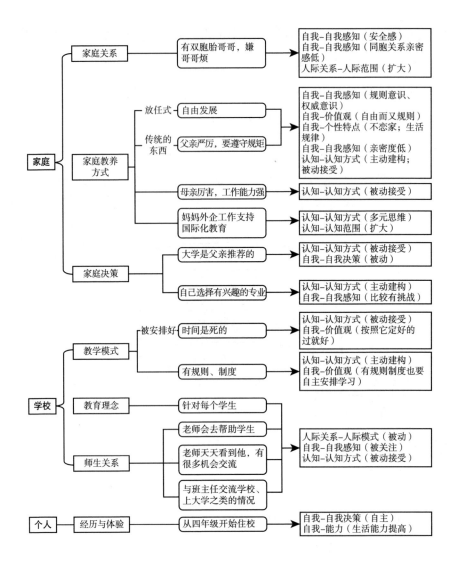

图 3-27　沉浸文化对自我主导力发展的影响机制（小涛）

（2）应试教育下，学校里的时间是被安排好的，"按照它定好的去过就可以了"。这种已经规定好、安排好的教学方式和知识框架容易使个体产生依赖性，剥夺了个体自我探索的时间与空间。

沉浸文化与植入文化的冲突与协商对小涛自我主导力发展的影响机制如图 3-28 所示。

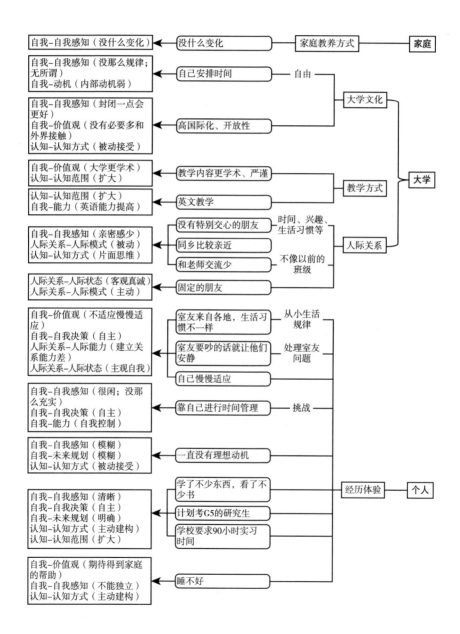

图 3-28　沉浸文化与植入文化的冲突与协商对自我主导力发展的影响机制（小涛）

（1）从封闭到自由，校园的开放投射出小涛的焦虑和不安。不同于以往"有围墙"、被管理的校园环境，现在自由、开放的大学对小涛而言成为一种挑战，"封闭一点有可能更好，没有必要特别多和外界接触"，反映出此时其内在自我的力量相对弱小，仍旧希望依赖外部权威力量。

（2）教育模式上由教师安排到学生主导转变，促进自主性的发展。大学"要你自己规划自己的时间"，这样的教育模式充分发挥个体的主观能动性，自主建构内在认知体系，促进自我主导力发展。

（3）在自我规划上，从"期待家庭帮助"到"自己去面对"，个体独立性增强。大学的实习要求在一定程度上帮助小涛锻炼自我管理自主决策的能力，让其逐渐从依赖外部权威向倾听内在的声音转变。

对小涛来说，沉浸文化对自我主导力发展的潜在影响路径如图 3-29 所示。不难看出，小涛低亲密度、多规则、高要求的亲子关系，导致其形成了消极的人际关系模式，在一定程度上影响了其在大学的人际关系建立能力，使其对新环境的适应性较差。

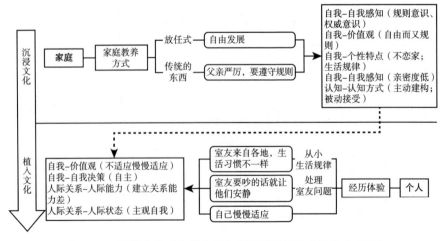

图 3-29　沉浸文化对自我主导力发展的潜在影响路径（小涛）

（二）影响小贾的自我主导力发展因素及机制概述

沉浸文化对小贾自我主导力发展的影响机制如图3-30所示。

（1）小贾"小时候母亲不在身边"，父亲工作很忙，在其成长过程中需要"自己的事情自己做"，这一方面迫使他"早熟"；另一方面，缺乏温暖与爱的家庭，使其内心缺乏安全感，形成了"虚假自我"；在人际关系

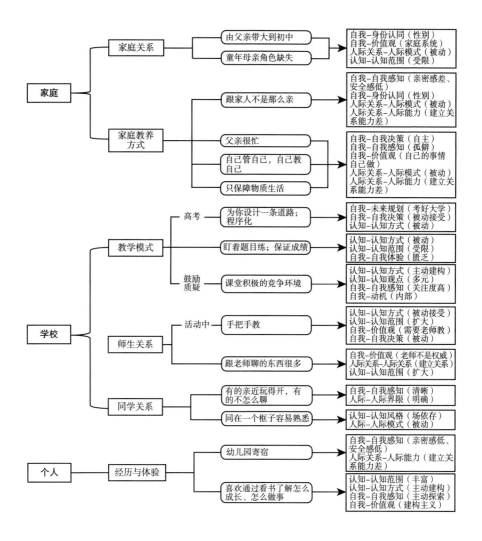

图3-30 沉浸文化对自我主导力发展的影响机制（小贾）

上也难以习得如何与他人互动。

（2）初高中班级固定，大家在"同一个框子里"，"早熟"的小贾在老师眼中"有能力"，获得了较高的关注，师生关系非常亲密。在家庭中难以获得的温暖与理解，小贾在老师这里获得了一定的补偿。

沉浸文化与植入文化的冲突与协商对小贾自我主导力发展的影响机制如图 3-31 所示。

（1）从"显眼"到"平凡"，外在的关注缺失，自我价值感降低。小贾从高中深受瞩目的"中心地位"到现在的"泯然众人矣"，不再特殊和"显眼"，使得那个被期待的"虚假自我"失去了外部权威的支持，自我价值感降低，难以由自己的视角进行自我定义。

（2）从固定班级到"需要自己去选择"，薄弱的联结能力造成无法摆脱的孤独。在人际关系方面，小贾与他人建立关系的能力较差，在要求自主、多元的大学环境中，他难以与不同背景的人建立关系。这在一定程度上阻碍了小贾自我主导力的发展。

（3）从中学有人"托底"到大学将"责任交给学生"，自我主导力的培养在艰难协商中缓慢发展。大学无论是社团活动还是教学任务，都倡导"以学生为中心"。小贾在独立自主的体验中积极进行意义建构，开始培养内在的声音。

（4）从单一到多元的丰富体验，促进认知和自我的建构。大学的师生群体、课外活动等都更具多元性，在不同的经历中，不断扩展自我认知体系。

（5）从服从外部期待到建构自我感知，在正视生活压力中思考自我发展。小贾逐渐摆脱中学时老师等外部权威的期待，在需要自主独立的大学新环境中，开始尝试回答"我是谁""我想要成为什么样的人"等命题。

（三）影响小丹的自我主导力发展因素及机制概述

沉浸文化对小丹自我主导力发展的影响机制如图 3-32 所示。

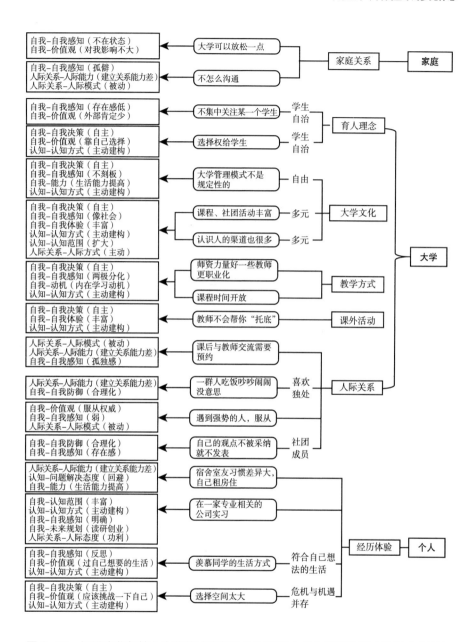

图 3-31　沉浸文化与植入文化的冲突与协商对自我主导力发展的影响机制（小贾）

（1）小丹很小的时候父母就离婚了，跟父亲基本上没什么联系，母亲本身性格又比较强势，从小对她要求比较严，"她认为不对的事情就不

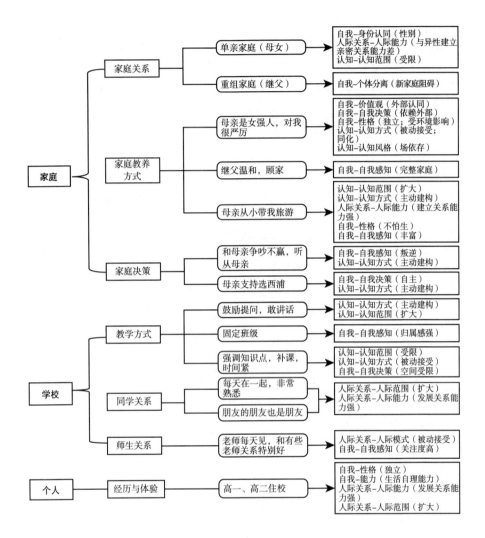

图 3-32　沉浸文化对自我主导力发展的影响机制（小丹）

会让我去做"。在这样的权威形象影响下，小丹只能服从母亲，抑制了自我的发展。

（2）高中一方面因为应试教育的大环境而"紧"，"课表排得特别紧"；在管理上非常严格，"迟到2秒钟都会被抓"；在学生生活安排上，"所有事情是规划好了的，你只需要照做就行了"。另一方面，学校课外不补习，使得小丹还能够有喘息的机会，写完作业后就可以出去玩；课堂上，有的老师也鼓励提问交流，这有利于学生表达自己的观点，倾听其内在声音。

沉浸文化与植入文化的冲突与协商对小丹自我主导力发展的影响机制如图 3-33 所示。

（1）从"都是听我妈的"到"自己想解决方案"，开始培养内在的声音。从服从于外部权威（母亲）到逐渐自己做选择，并对人生进行职业发展规划的转变中，小丹努力实现自我—他人（母亲）的分离。

（2）大学更加强调自主互动的教育模式，以及"不能混"的校园文化，促进个体内在声音的发展。中学和大学的教育模式一致程度较高，小丹在较为顺利平稳的适应中进一步建构自我认知体系。

（3）从固定的班级到多元自主的人际关系环境，小丹学会正视自我在与他人关系中的位置。小丹具有较强的人际交往能力，到大学后也未产生较大的失衡，并且能够与他人"讨价还价"，在人际关系中明确自我与他人的关系，表现出较高的自我主导力水平。

对小丹来说，沉浸文化自我主导力发展的潜在影响路径如图 3-34 所示。在沉浸环境中，母亲是女强人，相对权威型的家庭教养方式使得小丹倾向于服从、依赖。作为小丹的重要他人，母亲的角色影响重大。当大学后，母亲"不喜欢我宅""支持我出去"等表现，显示出母亲强势态度的调整，在某种程度上有利于小丹逐渐倾听内在声音，从母亲的羽翼下走向独立。

（四）影响小乖的自我主导力发展因素及机制概述

沉浸文化对小乖自我主导力发展的影响机制如图 3-35 所示。

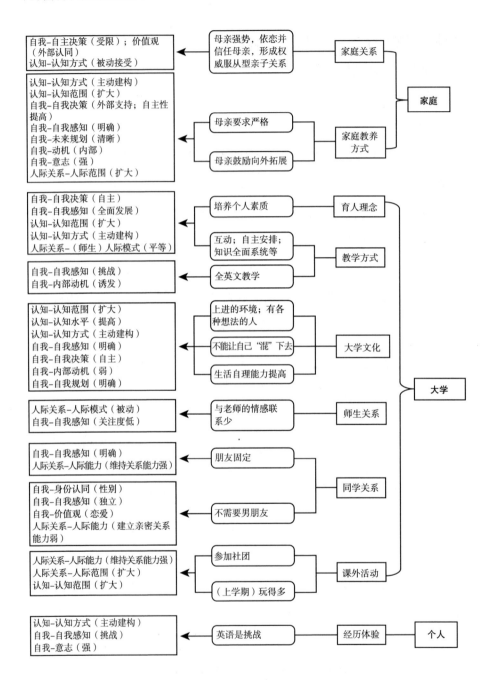

图 3-33 沉浸文化与植入文化的冲突与协商对自我主导力发展的影响机制（小丹）

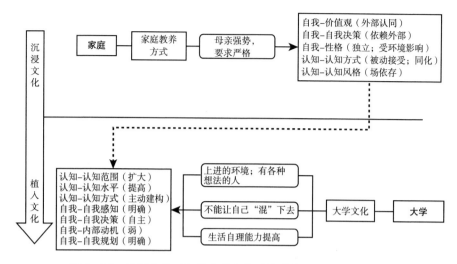

图3-34　沉浸文化对自我主导力发展的潜在影响路径（小丹）

（1）小乖的父母是比较传统的"严父慈母"。对于家里的这个独生女，父母的关爱很多，但这种爱也是"有条件"的，即（她）要做一个"乖孩子"。这种有条件的爱影响个体的自我感知，小乖意识到自己是被期待的，只有表现出"乖孩子"的样子才会得到父母的宠爱，并且会选择与之相适应的信息进行反馈，压抑另一部分的自我。

（2）在成长期间，父母一直把她看作"乖孩子"，以爱的名义过度保护和管控，很少倾听孩子的声音，使她缺乏自我体验的空间和自我决策的机会。这种保护也造成小乖"本我"的强大，乐于接受父母的安排，以及在人际关系中也表现出"自我为中心"，不想付出，只想快乐的心态。

（3）高中时自我意识觉醒，产生强烈的逆反心理，想竭力摆脱父母的管教，"高中我玩得比较多，成绩下滑特别快"。但由于经济不独立，没有决策能力，很多事情依然要向父母、教师等外部权威寻求帮助。在独立与依赖的矛盾中开始倾听自我的声音。

沉浸文化与植入文化的冲突与协商对小乖自我主导力发展的影响机制如图3-36所示。

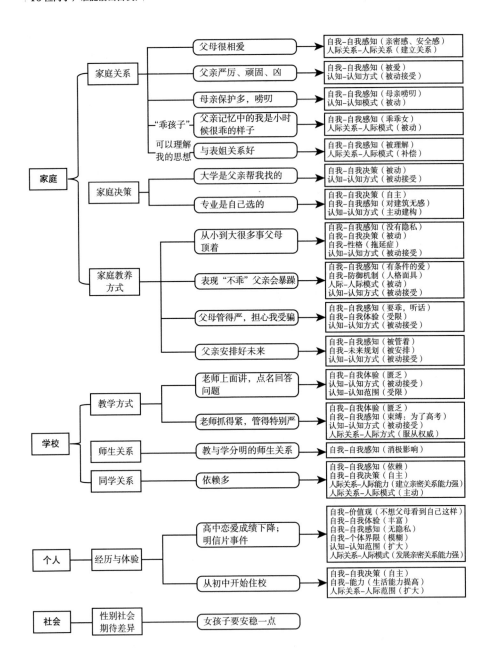

图 3-35　沉浸文化对自我主导力发展的影响机制（小乖）

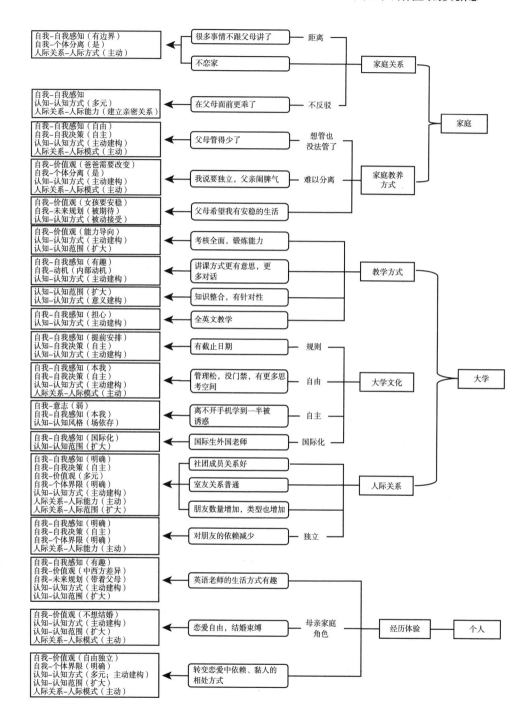

图 3-36 沉浸文化与植入文化的冲突与协商对自我主导力发展的影响机制（小乖）

（1）从中学的"抓紧"到大学里的"开放"，"学生有更多的思考空间"，被鼓励"表达自己的想法，互相交流"，促进了小乖自我主导力的发展。

（2）在高中时期因为受到学校与父母的限制，没有机会出去"玩"，导致她到了西浦之后，由于父母地理距离变远"管不着"而有种"拼命地玩儿"的心理，过度补偿之前缺失的部分。这是迟来的释放自我、体验自我的过程，也是自我发展的必要经历，为未来自我真正独立迈出了重要的一步。

（3）大学"朋友变多了，而且朋友更加地'分类'了"，小乖在大学里感受到与中学不同的室友关系，"不像以前走得近，那么亲"，而且大学里没有班级概念，行政班同学关系一般，这使小乖在审视自己与同学关系时变得冷静，她也因为相互依赖性变低的现实而越来越把依赖的重心放到自己身上，不再过多地去依靠别人。

对小乖来说，沉浸文化对自我主导力发展的潜在影响路径如图3-37所示。受到有关女性"刻板印象"的文化影响，父母希望小乖能够有安稳的生活"，符合"女孩子就要安稳一点"的角色期待。需要指出的是，小乖并未完全顺从外部的声音，而是在植入文化中不断探索更适合自我的发展方式，尝试协调自我需求与家庭期待。

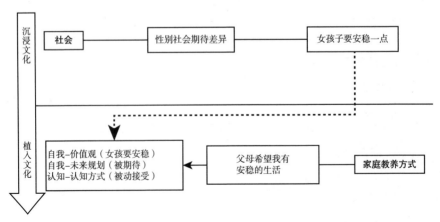

图3-37　沉浸文化对自我主导力发展的潜在影响路径（小乖）

（五）影响小梓的自我主导力发展因素及机制概述

沉浸文化对小梓自我主导力发展的影响机制如图 3-38 所示。

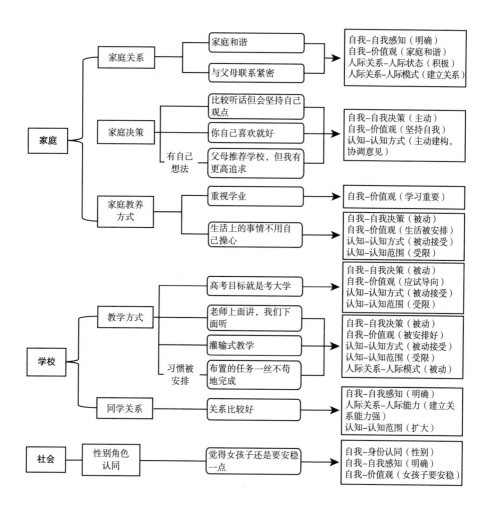

图 3-38　沉浸文化对自我主导力发展的影响机制（小梓）

（1）小梓父母关系很和谐，且父母秉持"你自己喜欢就好"的教养观念，给予了小梓较大的自主选择空间；同时父母对其并"没有怎么宠"。

这种弹性与理性兼具的家庭教养方式，有助于其培养自我内在的声音，在时而自我肯定时而自我否定的交替中，逐步做到自我接纳。

（2）小梓的性别意识受社会文化影响较大，多次表达"我觉得女孩子还是要安稳一点"，女孩子要"找一份比较稳定的工作"。这些都体现了中国传统意义上对女性的身份定位对职业、个性及自我发展的影响。

（3）"高中的知识是方方面面的，比较广，老师上面讲，我们就在下面听着。然后老师及时地布置作业……"对于小梓而言，应试教育和灌输式教育环境没有提供足够的机会让她培养和倾听内在的声音，她较为被动地受到外部权威的影响，更多认同当下现实的安排，限制了自我主导力的发展所需的空间和环境。

沉浸文化与植入文化的冲突与协商对小梓自我主导力发展的影响机制如图 3-39 所示。

（1）以前生活上"主要依赖父母"，学习上"就是老师安排"，进入大学后，则要"自己的事情自己做"。在全新的环境下，小梓的独立、自主能力不断提高；人际交往能力也在宿舍的协商沟通中有所进步。

（2）西浦的校园文化多元包容，在这种环境的影响下，小梓觉得"每个人都有不同的想法，需要接纳别人的想法"。这一过程体现了小梓在人际关系中的自我构建，在个体—环境互动中，知道自己坚持什么，同时又能适度融入环境。

（3）西浦课堂强调互动，更为平等的交流方式有别于高中的权威灌输，在 Essay 和小组交流中，认识到"没有绝对的对错"，"然后老师也不断地强调（批判性思维）"。这些外部环境的变化为提高独立自理能力、表达能力和批判思维能力提供了有效的资源，促进了自我主导力的发展。

对小梓来说，沉浸文化对自我主导力发展的潜在影响路径如图 3-40 所示。与前文小乖同样受到有关女性"刻板印象"的文化影响不同的是，

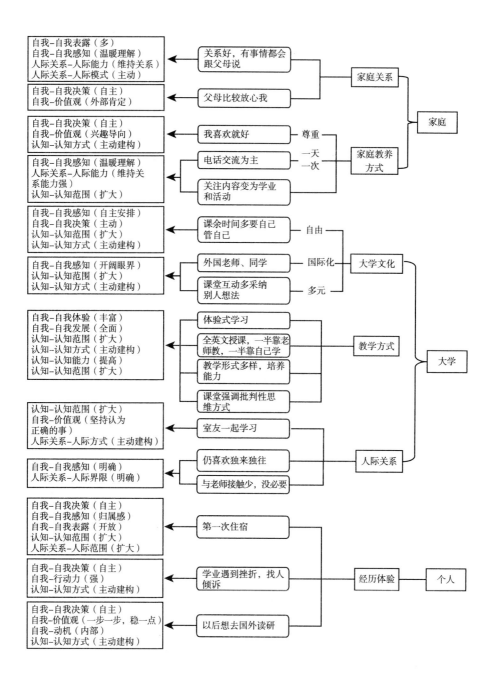

图3-39 沉浸文化与植入文化的冲突与协商对自我主导力发展的影响机制（小梓）

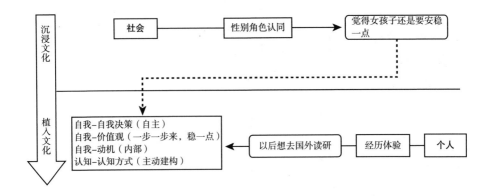

图 3-40　沉浸文化对自我主导力发展的潜在影响路径（小梓）

在小梓看来，"我觉得女孩子还是要安稳一点"，女孩子要"找一份比较稳定的工作"，她更加认同或内化了这种观念。到了大学，这种"稳"的意识也影响了她对未来学业的思考，她认为要一步步来，稳一点。

（六）影响小边的自我主导力发展因素及机制概述

沉浸文化对小边自我主导力发展的影响机制如图 3-41 所示。

（1）小边的父母都是教育工作者，在孩子的教育问题上，母亲"一般不会干涉我决定一些重要的事情，都是绝对让我来，大概是这样子"，而父亲相对强硬，会以各种论证来说服他。在这种高控制型的家庭教养环境中，小边表现出"自我同一性过剩"的特点，"别人干涉不了我，我也不想干涉其他人"。

（2）小边大学前的教育环境偏重应试教育，"高中其实挺累的，就是各科老师在旁边督促你……还要完成好多好多的习题，不睡觉之类的（现象）我在高中其实也有"。这种环境使小边感觉"很累"和"烦"，因而急于摆脱这种束缚。初中靠自己学业取得巨大进步，以及高中顺风顺水的成功经历，更使他加深了"靠自己"的观念，极大地激发了其自信心，"有些飘飘然"甚至"自负"，难以听取他人尤其是父母的意见。

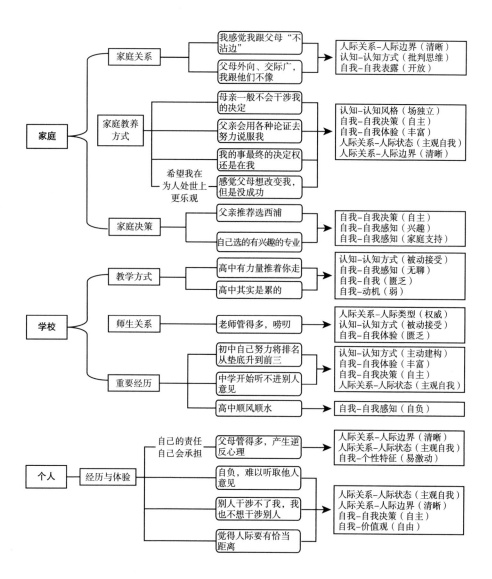

图 3-41 沉浸文化对自我主导力发展的影响机制（小边）

沉浸文化与植入文化的冲突与协商对小边自我主导力发展的影响机制如图 3-42 所示。

（1）进入大学后，由于距离远等原因，父母对小边的约束力明显降

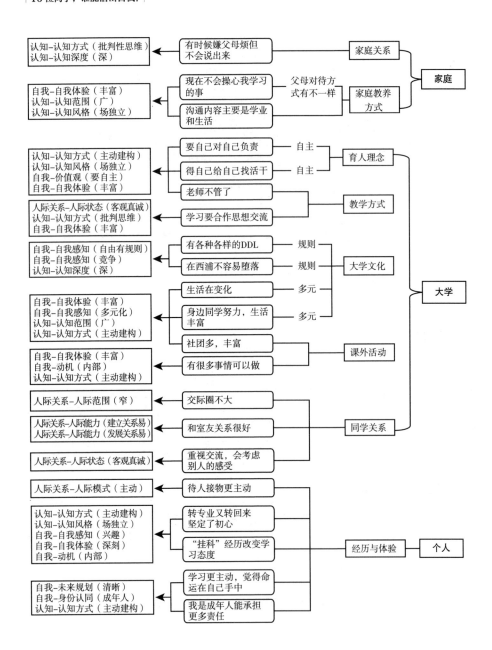

图 3-42 沉浸文化与植入文化的冲突与协商对自我主导力发展的影响机制（小边）

低。父母对待他的方式也发生了变化，从之前片面关注学习，转变为关注孩子生活的方方面面。在父母教养方式调整以及西浦植入文化浸润的共同影响下，小边逐渐开始"去中心化"，在强调自我内在的声音的同时，开始关注、感受并学着倾听外部的声音。

（2）相较于高中的应试教育环境，大学是自由的，但自由不是无条件的自由，而是意味着自己更多承担自我管理的责任，意味着需要自己主动去寻找资源。经历"挂科"的挫折以及反思后，"自己觉醒了，觉得自己应该去做一些实事"，认识到了自我管理的重要性。

（3）大一初期，小边在学业上遭遇了挫折，认为专业不适合而选择转专业。经过一年的调整后，他又改回了原来的专业。西浦专业选择的自由，有助于学生了解了自己的内心，具有内心仪式感构建的意义。在此之前，小边的重要决定如选择大学，在很大程度上是父母意见起了主导作用，而转专业之后，他确定了自己的"初心"，认为这个专业才真正完全是自己的选择。

第四章

多元样态的形塑解读

第一节　对比五组学生讨论自我主导力发展的
影响因素与机制

在本章节中，笔者对 16 位学生的访谈文本进行编码分析[①]，从两个方向对其自我主导力在沉浸文化及植入文化中的影响因素与内在机制展开探讨。首先，分组（据自我主导力发展的基础水平高低来分组）呈现16位学生在亲子关系、家庭教养方式、学校教育模式等方面反映出的影响自我主导力发展的共性特点。接着，以16位学生为整体，来归纳、提炼自我主导力发展在沉浸文化以及沉浸文化与植入文化的冲突与协商下的影响因素和内在机制。16位学生的基本信息具体见表4-1。

---

① 质性研究的编码基于扎根理论，主要指将所搜集或转译（在本书中指录音转录）的文字资料进行分解、归类、概念化（开放式编码），再将概念进一步抽象、综合为类属（主轴编码）以及核心类属（选择性编码）。可以说，三级编码是一个不断开放、比较和提炼的过程，对原始资料建立一个迭代的关系，以深入挖掘问题背后的潜在结构和规律。

表 4-1 学生案例信息表

编号	访谈学生	性别	年龄	是否独生子女	SA 基础水平	SA 发展速度	SA 分组
S08	小可	女	19	是	低	低	低开低走组
S15	小顺	男	19	是	低	低	低开低走组
S02	小新	男	20	是	低	高	低开高走组
S04	小蓓	男	19	是	低	高	低开高走组
S05	小凤	女	19	是	低	高	低开高走组
S01	小升	男	19	是	高	低	高开低走组
S13	小橙	女	19	是	高	低	高开低走组
S14	小非	男	20	否	高	低	高开低走组
S09	小乐	女	19	是	高	高	高开高走组
S12	小思	女	19	是	高	高	高开高走组
S03	小涛	男	19	否	中	中	居中平稳组
S06	小贾	男	20	是	中	中	居中平稳组
S07	小丹	女	20	是	中	中	居中平稳组
S10	小乖	女	19	是	中	中	居中平稳组
S11	小梓	女	20	是	中	中	居中平稳组
S16	小边	男	20	是	中	中	居中平稳组

注：表中的编号是对学生进行信息脱敏，方便研究讨论所设置；SA(Self-Authorship，自我主导力)。

一 低开低走组与低开高走组

自我主导力发展的基础水平低，共包括发展速度高、低两组共 5 位个案，结合前文的讨论分析不难发现以下几点。（1）低水平个案多表现为的父母在亲子关系上有条件的爱，以及在家庭教养方式上相应地偏重规则。（2）低水平个案中，低增速组个案与高增速组个案差异表现在：低增速组个案家庭的控制与规则采用的是情感期待与内化的方式，同时个案家庭经济状况也潜在地影响了其家庭教养方式，使得个体对其父母有较强的愧疚感；而高增速组个案家庭通常采用的是高压控制的方式，通过外部力量的引导在一定程度上推动了个案自我主导力的发展。（3）当沉浸于这两种控制方式的家庭的个体进入西浦时，客观上家庭的控制由于距离远弱化了。

处于高压控制被动服从的个体，对于探索世界、发展自我充满了期待；处于情感期待与控制下的个体由于长期对父母观念的内化，往往难以摆脱束缚，自我主导力发展缓慢（如图 4-1、图 4-2、图 4-3 所示）。

对于本书中的低水平低增速组而言，除了亲子关系、家庭教养方式，社会文化因素以及个体重要经历也对自我主导力的发展产生影响。比如，个案 S08 家族中重男轻女的观念、童年中自卑的负面经历以及片面关注学业的高压教育模式，个案 S15 家庭中有关"孝顺"的社会文化、高考失利的负面经历体验，这些因素都是其自我主导力发展面临的阻力，综合导致了其自我主导力发展缓慢。

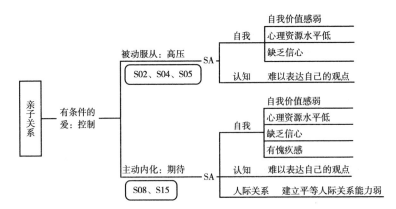

图 4-1　低水平低增速组与低水平高增速组亲子关系

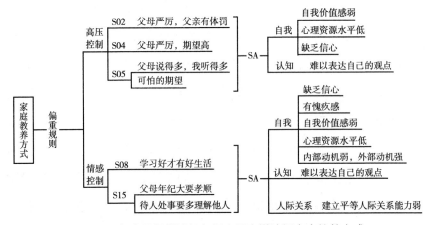

图 4-2　低水平低增速组与低水平高增速组家庭教养方式

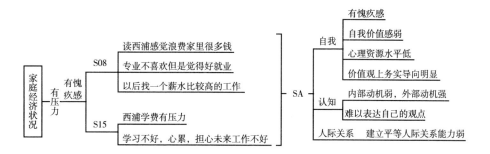

图 4-3　低水平低增速组与低水平高增速组家庭经济状况

二　高开低走组与高开高走组

结合前文的讨论分析，可以发现：（1）高水平个案多表现为在亲子关系上父母无条件的爱，以及在家庭教养方式上相应的尊重且有规则。（2）高水平个案中，低增速组个案与高增速组个案的差异表现在高增速组个案家庭提供给孩子的爱与温暖是比较适中的，而低增速组个案家庭尽管也为孩子提供了无条件的爱与温暖，却存在温暖过多的现象。如个案 S13，母亲不爱社交，大部分时间陪女儿，母女关系非常亲密；或者温暖过少的现象，如个案 S14，因为是非独生子女家庭，并且从初中开始就住校，在情感上难免觉得爱与温暖较少。可见，需要在亲子关系中把握适度的爱与温暖。（3）高水平个案中，低增速组个案与高增速组个案另一差异表现为：在沉浸文化中的教学方式上，高增速组个案的学校教育模式更加侧重素质教育，或其家庭教育理念更加民主、自由；而低增速组个案的学校教育模式则更偏重应试教育，且其家庭在教育上也与这种应试教育进行了"合谋"。（4）沉浸文化中的这些差异使得高增速组的孩子在进入西浦这一更加自由、多元的环境时，能够更快地适应新环境，建立新的"平衡"，实现自我主导力的发展；而低增速组的适应周期相对长一些（如图 4-4 至图 4-6 所示）。

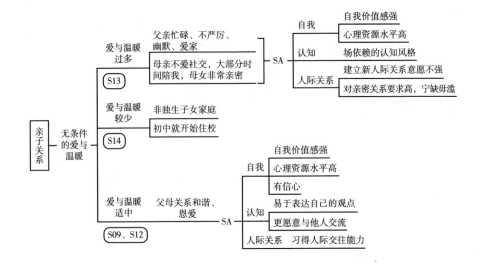

图 4-4　高水平低增速组与高水平高增速组亲子关系

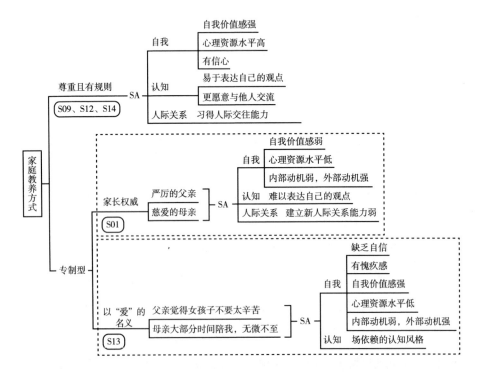

图 4-5　高水平低增速组与高水平高增速组家庭教养方式

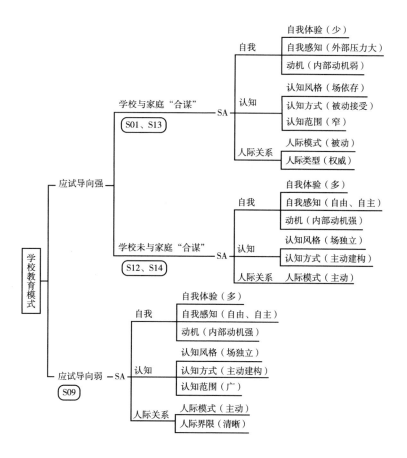

图 4-6　高水平低增速组与高水平高增速组学校教育模式

三　居中平稳组

笔者发现居中平稳组具有如下情况。（1）居中平稳组个案的沉浸文化中往往存在某些方面的局限，如控制型的家庭教养方式、亲子关系中有条件的爱以及教育模式中的应试导向性。（2）在存在局限的同时，居中平稳组个案的沉浸文化中往往也存在一些平衡这些局限的积极因素如图 4-7 所示。（3）对于居中平稳组而言，进入植入文化后，由于其沉浸文化的局限性以及大学前自我主导力水平的限制，相对于高水平组其自我主导力发展会表现得较为缓慢。

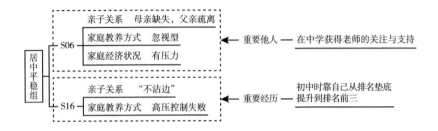

图 4-7　居中平稳组个案自我主导力发展的局限与平衡

第二节　以进入大学为分界探究自我主导力发展的影响因素与机制

一　沉浸文化影响进入大学前自我主导力水平的因素及其机制

（一）亲子关系是自我主导力发展的基础

进入大学前个体的主要特点是年龄小、习得能力强、亲子关系在其生活中占主导位置。这使得亲子关系成为该阶段父母的教养观念与教养行为传递的载体，以及孩子探索自我、构建认知的基础。孩子的自我主导力在这种关系的互动中萌芽并初步发展。

笔者发现，在沉浸文化的早期亲子关系最主要的功能是情感功能，即为个体提供无条件的爱与温暖。这种亲密互动的亲子关系及其提供的爱与温暖，对个体自我主导力发展的影响主要表现在以下两方面：（1）这种亲密互动的亲子关系能够满足个体安全感、归属感和爱等心理需求，为个体进行自我探索和发展自我主导力提供支持。（2）家庭内的互动模式能让个体习得如何与他人相处，并把这种积极状态扩展到社会交往中去，有利于个体与不同他人建立人际关系，进行沟通协商（徐慧等，2008）。这些获得无条件的爱与温暖的个体，更倾向于认为自己是有价值的，容易与重要他人形成友好的关系，对自我和他人都有信心，认为自己有能力料理好个人的生活事务，善于用建设性的方式来处理人际关系问题（马道伟，2012）。而在缺乏温暖支持的家庭环境中，个体很容易与家庭疏远，觉得自己是孤独的和不被理解的，进而形成不良的内部工作模式，影响自我维度的发展；在与他人合作的领域很难建立紧密的联系，甚至形成心理疾病和问题行为（Ruchkin et al.，2000）。具体示例及分析如图 4-8 所示。

此外，笔者还发现，父母关系和谐是亲子关系健康的重要保证。在父母分居家庭（个案 S06）以及离异家庭（个案 S07）成长的孩子，其自我主导力的发展会不同程度地受到负面影响，主要表现为在自我维度上缺乏信心、心理资源水平低、自我价值感弱以及在人际关系维度上与他人建立关系的能力弱，难以倾听自我内在的声音。

与无条件的爱与温暖相对立的亲子关系模式主要包括两种类型：（1）有条件的爱；（2）情感疏离。前者指家长往往以爱的名义对孩子进行不同形式的控制；后者指家长在情感上忽视孩子需求，亲子关系处于疏离的状态。

有条件的爱的控制手段主要包括：（1）使用高压的手段使孩子被动服从（如个案 S01、S02、S03、S04、S05、S10）；（2）使用期待的手段使孩子主动内化（如个案 S07、S08、S15）。这两种手段对个案自我主导力发展存在消极影响，主要表现为在自我维度上自我价值感弱、心理资源水平低、缺乏信心以及在认知维度上会造成个案难以表达自己的观点。同时，期待形式的控制还会造成孩子在自我维度上的愧疚感以及在人际关系维度上难以在相互协商沟通中做真实的自我、难以与他人沟通协商的负面影响。

（二）家庭教养方式是自我主导力发展的核心

1. 家庭教养方式直接影响个体自我主导力的发展

家庭教养方式是家长在教育和抚养子女过程中表现出的一种行为倾向，它是对父母各种教养行为的特征概括，是一种相对稳定的行为风格，在情感支持、物质支持以及规则意识等维度上影响着自我主导力的发展。在亲子互动的过程中，父母的教养观念以及教养行为被潜移默化地传递给了正在探索自我、构建认知的孩子，成为其自我及认知维度的重要部分。

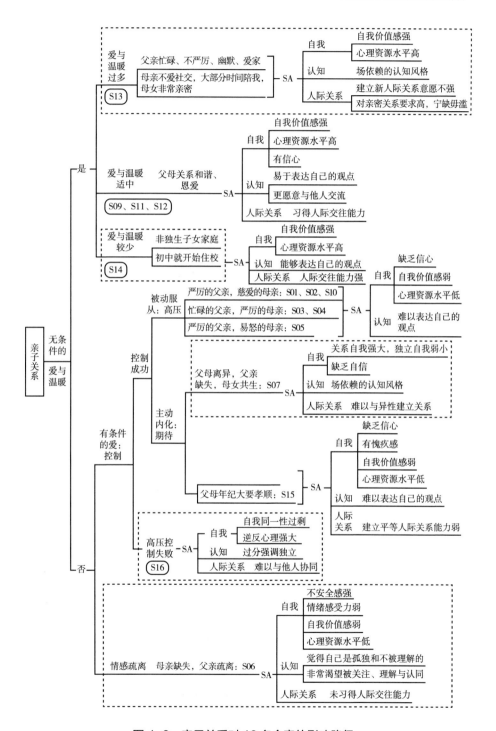

图 4-8　亲子关系对 16 名个案的影响路径

通过对 16 名个案的分析，笔者发现有利于孩子自我主导力发展的家庭教养方式具有以下特点。(1) 能尊重孩子，倾听他们内在的声音，注意其自主决策能力的培养。(2) 能制定规则，促进其"自我"与现实的协调，建立权威意识。从孩子自我主导力发展的角度看，这种既尊重孩子又能通过言传身教向其传递重要规则的家庭教养方式，有助于孩子在尊重的氛围中倾听自我内在的声音，并能在规则中习得如何与环境相协调（如图 4-9 所示）。

美国心理学家戴安娜·鲍姆林德在研究中把教养方式分为权威型、专制型、溺爱型和忽视型四种。通过对 16 名个案的分析，笔者发现中国家庭中不利于孩子自我主导力发展的家庭教养方式主要为专制型与忽视型。在专制型家庭教养方式下长大的孩子，会比较多地表现出愧疚、焦虑、退缩等负面情绪和行为，在自我上难以倾听内在的声音，在认知上难以表达自己的观点，在人际关系上交往能力也较弱。而忽视型家庭教养方式的家庭亲子间的温暖和理解程度低，情感支持少，这种忽视虽然在一定程度上使孩子不得不"独立"，但长远看来，这种"独立"背后隐藏着孩子安全感不足的危机，在面临挑战时，个体会感到孤独无力（如个案 S06）。就自我主导力发展而言，忽视型家庭教养方式下的孩子在自我维度上往往具有强烈的不安全感、情绪感受性和自我价值感弱、心理资源水平低；在认知维度上既渴望被他人关注、理解与认同，又觉得自己是孤独和不被理解的；并且在人际关系维度上缺乏与他人交往的能力，尤其是在合作领域难以建立紧密联系。

专制型家庭教养方式主要分为两种：一种强调家长的权威，要求孩子无条件地服从自己，导致孩子没有机会倾听、培养自己内在的声音，自我主导力难以发展。有时家长为孩子设立的目标和标准很高，甚至不近情理，但是孩子不可以反抗，必须服从父母的指令（如个案 S01、S02、

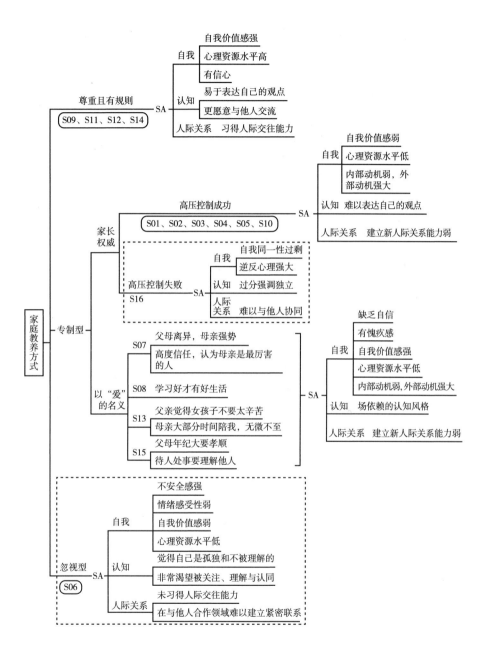

图 4-9 家庭教养方式对 16 名个案的影响路径

S03、S04、S05、S10）；另一种的父母常常以"爱"的名义限制孩子自我发展的空间，导致其自我体验匮乏，阻碍了其自我主导力的发展（如个案S07、S08、S13、S15）。

2. 家庭经济状况以家庭教养方式为中介潜在地影响个体自我主导力的发展

通过对 16 名个案的分析，笔者发现家庭经济状况会间接影响个体自我主导力的发展。较差的家庭经济状况会使父母有较大的经济压力，从而对其教养观念与行为产生影响，进而对个体产生消极影响（如个案 S08、S15）。具体而言，这种家庭教养方式传递的经济压力，对孩子自我主导力发展的阻碍主要表现在以下两方面：（1）内部动机弱，个体屈从于现实的压力，难以倾听自我内在的声音，自我体验比较匮乏，兴趣爱好受压抑，缺乏内部动机。如个案 S08，在专业选择上，其对汉语言专业的热爱被迫让位于父亲觉得就业前景好的经济与金融专业。（2）愧疚感强，父母教育观念中传递的经济压力会使孩子在成长过程中体验较强的愧疚感，导致其在自我发展过程中自我价值感弱、自信心不足、敏感、在意他人（父母）看法等。

然而，笔者发现这种经济压力的消极影响并不是绝对的，父母温暖和理解的教养方式能够缓解这种消极影响。如个案 S13，虽然其家庭经济状况也存在压力，但是父母对其自我探索及发展支持度高；家庭中的互动方式也非常民主。这种温暖、理解、支持的家庭教养方式缓解了经济压力对孩子自我发展的消极作用。这一结果与国内外关于家庭经济状况对儿童发展影响的研究结果一致（张晓等，2009；Magolda 和 King，2012）（见表 4-2）。

表 4-2　沉浸文化中"家庭经济状况"的影响示例

个案	家庭经济状况	家庭教养方式	对 SA 的影响
个案 S08	压力较大	孩子喜欢文学,父亲觉得老师辛苦,不希望孩子吃苦;选择好就业的专业	自我 – 动机(外部) 自我 – 自我体验(匮乏) 自我 – 自我感知(愧疚感) 认知 – 认知方式(被动接受)
个案 S13	稍有压力	父母觉得孩子的人生应该自己做一些决定,民主支持度高	自我 – 自我体验(丰富) 自我 – 自我决策(自主) 认知 – 认知方式(主动建构) 自我 – 自我感知(无愧疚感)
个案 S15	稍有压力	父母话语权大,孩子较少提出观点	认知 – 认知方式(被动接受) 自我 – 自我感知(愧疚感) 自我 – 自我体验(匮乏) 自我 – 自我表露(回避)

3. 社会文化以家庭教养方式为中介潜在地影响个体自我主导力的发展

在对 16 名个案的分析中,笔者发现社会文化因素可能影响个体自我主导力的发展,且这种影响需要以家庭中的教养观念及教养行为为中介。这些社会文化首先影响了父母的教养观念与教养行为,再通过父母的教养观念与教养行为影响个体自我主导力的发展。示例见表 4-3。

表 4-3　沉浸文化中"社会文化"的影响示例

个案	社会文化	家庭教养方式	对 SA 的影响
个案 S01	一代要比一代强	要努力学习,突破家庭阶层固有的限制	自我 – 自我感知(追求成就) 自我 – 个性特征(自律) 自我 – 动机(外部)
个案 S05	一代要比一代强;孝道文化	学习上严格,会体罚、每天抽查背书;微信推送孝文化内容	自我 – 自我感知(压力) 自我 – 动机(外部) 认知 – 认知方式(被动接受)
个案 S08	"重男轻女"观念	爷爷奶奶重男轻女,曾想把孩子扔掉;成长过程多与男性比较	自我 – 身份认同(性别) 自我 – 个性特征(自卑) 自我 – 自我感知(愧疚感) 认知 – 认知方式(被动接受) 人际关系 – 人际能力(形成亲密关系难)
个案 S15	孝道文化	父母年纪大了,很辛苦,不能违背他们;自己的意愿在父母意愿之后	自我 – 自我感知(愧疚感) 自我 – 个性特征(孝顺) 认知 – 认知方式(被动接受) 自我 – 自我表露(回避)

（1）"一代要比一代强"

在研究过程中，笔者发现部分家庭向个体传递了追求"成功"的社会观念。从自我主导力发展的角度而言，这种"成功"观念的积极意义在于其会促进个体自我维度上自律品质及成就动机的形成；而其消极意义在于这种过强的外部动机会削弱个体内部动机，导致个体难以倾听自我内在的声音。

（2）"孝道文化"

笔者发现，部分家庭的教养方式传递沉重的"孝道"要求，在这种孝道文化实质上是家庭对个体的控制。"孝道"此时成为家长使用情感手段控制孩子的一种依据。从自我主导力发展的角度而言，这种控制是一种被动接受的认知方式，在自我上也会给学生带来压力，造成其自我的压抑。

（3）"重男轻女"观念

个别个案家庭表现出具有明显的重男轻女观念。这种观念对个体自我主导力的发展造成非常消极的影响：①在自我维度，会造成个体性别认同障碍，对自身的女性身份存在愧疚感，进而使其形成自卑的性格。②在认知维度，这种愧疚感以及自卑的性格特征将导致个体难以表达自我，形成一种被动接受的认知方式。③在人际关系维度，自卑的性格以及被动接受的认知方式，会阻碍个体在人际交往中与他人建立平等的关系，难以与他人形成亲密关系。

（三）学校教育模式对自我主导力发展的影响

笔者发现，随着孩子进入基础教育阶段，由于客观存在的高考压力，学校在管理模式、教学方式等设计上服从于这一目的。此时，绝大部分个体的家庭与学校在教育观念与行为上达成高度一致。家庭与学校"合谋"，片面关注个体学业表现，挤压个体探索自我、构建认知的时间与空间，剥夺了许多个体发展自我的机会。学校教育模式对个体自我主导力发展的影响具体表现为：大部分学生在自我维度上感到压抑，自我体验少，对"我是谁""我的兴趣爱好是什么""我未来要做什么"等问题思考不足；在认知维度上，由于学校、教师在进行安排和主导时忽视了学生的主观能动性，使得个体认知范围狭窄，易形成场依存的认知风格；在人际关系维度上，主要表现为教师在师生关系中的权威性、主导性，朋辈交往的范围多局限于固定的班级中。总之，相比较而言，沉浸文化中的学校教育模式整体上呈现强大的外部权威力量和相对弱小的个体内在的声音，对自我主导力的三个维度产生了不同程度的消极影响，从长远看，阻碍了大学前自我主导力水平的发展。

但也有少数个案（个案 S09、S12）的沉浸文化存在一定的差异，其中个案 S09 的中学教育模式虽然也在"应试导向"的大背景下，但具有一定程度的民主、自由，鼓励学生做自己喜欢的事情，给予学生自主选择权，自己管理自己（如图 4-10 所示）；而个案 S12 的家庭在教养方式上比较民主、自由，其家庭与学校未实现"合谋"，支持个案发展真实的自我，平衡内外的不同声音。这些差异在不同程度上对个体大学前自我主导力的发展发挥了一定的促进作用。

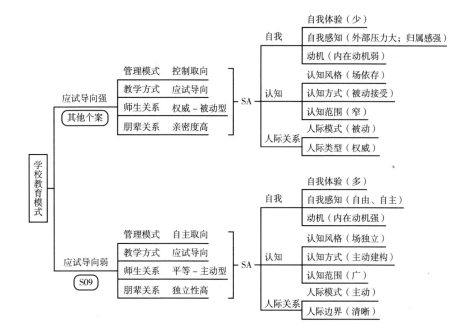

图 4-10　沉浸文化中的学校教育模式对自我主导力发展的影响路径

笔者发现在 16 名个案中，除了个案 S09，其他 15 名个案均强烈感受到基础教育阶段学校教育模式的强应试导向；同时笔者发现学校教育模式对于自我主导力的影响因素主要包括管理模式、教学方式、师生关系和朋辈关系四个方面。这些因素共同作用于个体，在不同程度上影响着自我、认知、人际关系三个维度。

在管理模式上，通过对文本的编码分析，笔者将管理模式归类为控制取向型和自主取向型。大部分个案感受到的学校管理模式具有高压、控制取向、应试导向等特点。这种外控模式，压抑个体的自主性，抑制了个体认知与人际范围的扩大，从而对个体自我主导力的发展整体上产生消极影响。自主取向型的个案（个案 S02、S09），其学校教育模式相对宽松，学生有更多机会培养和倾听内在的声音（比如做自己喜欢的事情），并遵从内在的声音进行自我体验和认知建构，这为个体自我主导力的发展创造了机会并扩大了空间（如图 4-11 所示）。

在教学方式上，笔者根据 16 名个案的实际情况，在编码分析的基础上，将其分类为被动型和互动型，并发现基础教育中教学方式主要为被动型，只有少数个案感受到为互动型。被动型教学方式具有教师主导、机械加工、应试导向等特点，这些特点显示出极强的外部权威力量。比如在高考"指挥棒"下，学生只能被动服从老师的安排，没有时间和空间关注主体的自我，难以发挥主观能动性，这弱化了个体的内部动机，限制了个案进行生动而广泛的体验，不能创造出异质化的人际交往环境，这阻碍了个体自我主导力的发展。在互动型教学方式下，部分个案体会到师生互动的教学方式，这有利于激发个体的内部动机，形成场独立的认知风格，在人际交往上更加主动，从而促进自我主导力发展（见图 4-12）。

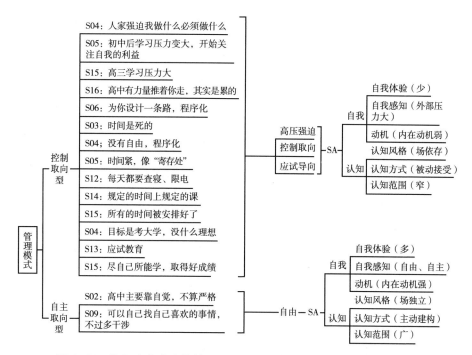

图 4-11　沉浸文化中学校管理模式对个体自我主导力发展的影响机制

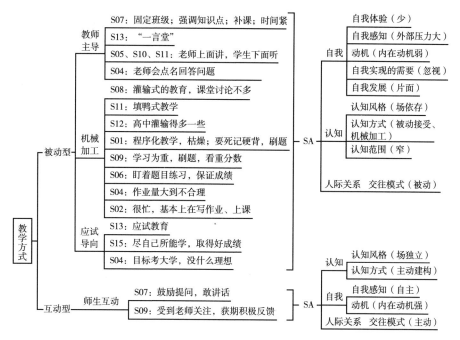

图 4-12　沉浸文化中教学方式对个体自我主导力发展的影响机制

在师生关系上，笔者将其归类为传统型和个性型，并发现基础教育中，传统的师生关系占据主导地位。在传统型师生关系中，体现出强烈的教师权威和学生在关系中的被动，同时在这种关系中，应试教育环境的影响很大，教师权威的核心体现方式之一，就是对学生学业成绩的重点关注；在这种关系中虽然教师和学生接触频率比较高，但教师在师生关系中的主导地位和权威性使得师生难以进行平等的对话，容易造成学生在自我和人际关系上的被动，在认知上过于强调教师和教材的绝对权威，难以让个体从不同视角看待知识；此外，教师找学生谈话常常以成绩、管理等为目的，使学生感觉到被关注的是外部因素而不是主体的自我，减少了倾听其内在声音的机会，不利于自我主导力的发展。在尊重学生个性的师生关系中，教师会对学生比较关注，从而使个体获得情感上的补偿，有利于个体的情感体验和人际发展；而且强调学生是独立个体的师生关系（个案

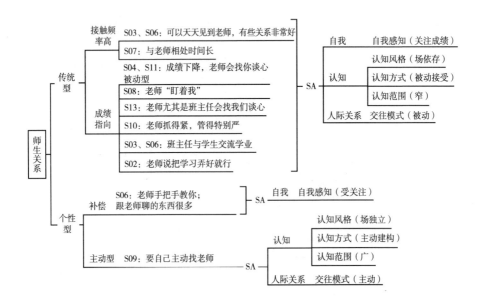

图 4-13　沉浸文化中师生关系对个体自我主导力发展的影响机制

S09），教师不会"盯着你"，不会过于主动找学生谈话，这让学生学会根据自己的实际需要（内在的声音），主动与教师交流互动，有利于其人际交往能力的提高，能够培养、倾听并学着遵从自己内在的声音，从而促进自我和认知的主动构建，整体上促进自我主导力的发展（如图4-13所示）。

在朋辈关系上，笔者发现，在基础教育阶段，朋辈关系以支持型为主。支持型朋辈关系体现出同质化程度较高和亲密度高的特点。由于学生被学校安排在一个固定的班集体或宿舍里，这种外在的框架限制了人际关系上的主动性和人际范围的扩大；但同时由于天天学习和生活在一起，朋辈之间亲密度高，个体更加容易产生归属感以及感受到理解与彼此之间的友爱，有利于发挥朋辈关系的"同伴影响力"来支持个体追求更高的自我实现的需要。但也有部分个案（个案S05、S15）在朋辈中自我设限，在人际交往和认知方式上较为被动，在一定程度上阻碍了自我主导力的发展（如图4-14所示）。

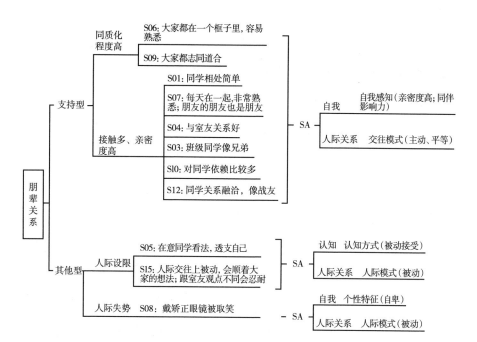

图4-14 沉浸文化中朋辈关系对个体自我主导力发展的影响机制

　　总而言之，在学校教育模式中，影响学生自我主导力发展的四个核心要素，总体表现出外部权威力量强大、学生的内在的声音弱小的特点，学生主要依赖外部的安排，难有机会对事情进行批判性思考，少有自我选择的机会，难以自主做出决定。自我决定理论认为个体的认知决定倾向分为个人取向和非个人取向两种。个人取向又叫自主取向，是个体主要根据自己内在的认识和感知做出决定和相应的行为，这种行为基于对个体的自主认识，其行为在于满足个体作为人的需要。非个人取向又叫控制取向，是个体认为其决定或者行为会获得外部的奖赏或取悦他人，这种决定或者行为是一种受到外在刺激和非整合的内在因素相互作用的控制（Deci 和Ryan，1985）。通过研究发现，沉浸文化中多数个案感受到的学校教育模式更多是一种由学校或考试等外部力量控制的应试教育模式，在高考"指挥棒"下的应试教育模式中，外部权威显示出强大的控制性，个体被外部权威主导，学生主体能够自主决策的空间有限，力量相对弱小，自主决策的机会少，此时个体受过度理由效应的影响，在认知、自我和人际关系三个维度上，主要呈现被外在他人定义的现象，这导致个体的自我主导力的水平总体较低。

　　过度理由效应理论认为，在人类的行为中，内部动机和外部动机都会起作用。当人们认为自己的行为是由很强的外在原因引发时，他们会低估内在原因对行为的影响程度，激发行为的外部动机可能会降低行为的内部动机的作用。而一旦外在刺激不复存在，人们的行为也会因缺少理由而趋于终止（Morgan，1982）。因此，外部（学校、教师等权威力量）安排强、学生自主决策弱使得个体内在的声音往往被忽视，内部动机也相应变弱。个体的自我、认知、人际关系被他人定义，难以从自己的视角看待问题，阻碍自我主导力的发展。正如访谈中大部分个案所感受到的控制取向的校园文化特点：外部动机强大而内部动机弱小。由于外部力量强大，个体在行为、意识上受制于外部的安排，依赖他人易造成场依存的认知风格，自我体验变少，没有必要也没有机会倾听内在的声音。

此时，青春期个体的自我意识进一步觉醒，在朋辈关系的支持下，有利于增强内在力量，促进自我主导力发展。相比于学校、教师等外部权威力量的"控制"，朋辈关系是支持个体内部力量发展的重要力量。朋辈在青少年的发展和社会适应中起着重要作用，这种作用也称为"同伴影响力"，这样的同辈群体也能促进青少年个体更快摆脱"自我中心"化的倾向（张家军，2009）。但为了便于教学和管理，一般学校会有固定的班级，这容易造成个体在朋辈关系上呈现较为同质化的特点，这种朋辈关系的文化环境对于个体的发展有两个方面的影响，一方面，个体在被安排的圈子里，人际交往的主动性减弱，主动建立人际关系的能力和范围受到限制，易阻碍自我主导力的发展；另一方面，这在一定程度上会让个体产生归属感，体验到较高的人际亲密感，这种"同伴影响力"能够支持自我的成长，使个体更加自信，更加坚定内在的声音，从而促进自我主导力的发展。

除了这一外在支持力量，内在的支持力量主要是个体青春期自我意识的觉醒以及"自性化"的内在潜能。埃里克森认为，青春期的自我危机主要表现在自我同一性与角色混乱的矛盾中。这一时期，个体在寻找自我同一性，寻找"一种熟悉自身的感觉，一种知道个人未来目标的感觉，一种从信赖的他人中获得所期待的认可的内在自信"。同一性的形成标志着童年期的结束与成年期的开始。从这时起，生活是对自我同一性的彻底表现。既然个人"知道他或她是什么人"，那么生活的任务就是引导"那个人"完满地度过人生的其余阶段（Erikson，1968）。而"自性"是荣格用来表达"真实自我"的概念，他认为，我们每个人的内心深处还存在一种内在的自我，即"自性"：一个人最终成为他自己，成为一种整合或完整的但又不同于他人的发展过程（申荷永，2009）。于是，自性化意味着人格的完善与发展，意味着接受和包含与集体的关系，意味着实现自己的独特性。

通过综合比较分析，笔者得出以下结论。

（1）基础教育阶段（尤其是高中阶段）的学校管理模式基本可以分为自主取向和控制取向两种，而且以控制取向为主。

（2）在过度理由效应的影响机制下，两种不同的教育模式对自我主导力发展的影响呈现两种不同的路径；在自主取向的学校教育模式中，学生的自主性相对较强，因此学生在认知决策的过程中，能够发现、培养和服从内部动机的要求，总体有利于自我主导力的发展；反之，在控制取向的学校教育中，学校、教师和教材的外在权威力量过于强大，学生的自主性相对较弱，因此学生在认知决策的过程中，内部动机往往让位于外部动机，难以培养和倾听内在声音，抑制了自我主导力的发展。

（四）重要经历对自我主导力发展有生动性、直接性的影响

在对 16 名个案的分析中，笔者发现个体对于重要经历的体验非常生动深刻。这种生动而直接的个体经历首先会对个案自我主导力认知维度（体验层次）产生直接的影响，进而影响与该经历相关的自我、人际关系维度。其影响路径如图 4-15 所示。

图 4-15 重要经历对自我主导力的影响路径

认知体验促进感知运动经验在思维加工过程中发挥作用（朱晓芳和张志杰，2011），对个体产生更直接、生动的影响。这些重要经历直接、深刻地影响着个体的自我概念以及内在信念（见表4-4）。

表4-4　沉浸文化中"重要经历"的影响示例

个案	重要经历	认知体验	自我主导力自我 / 人际维度
个案 S01	初中沉迷游戏后通过自律克服	自律很重要； 自律的人才能成功	自我 - 个性特征（自律） 自我 - 动机（内部） 自我 - 意志（强）
个案 S08	小学因戴矫正眼镜被男同学取笑，直到五六年级成绩好才摆脱这种状况	学习好很重要； 自己只有学习比较出众	自我 - 个性特征（自卑） 自我 - 价值观（学习好摆脱取笑） 自我 - 自我表露（回避）
个案 S09	高中恋爱，因性格差异大分手互删好友不再往来	谈恋爱很麻烦； 不喜欢自己的棱角被磨	人际关系 - 人际能力（建立亲密关系难） 人际关系 - 人际状态（主观自我）
个案 S16	中学成绩差，用自己的方法（与父母和老师观点不同），从排名垫底升到班级前三	自己的方法才是对的；父母、老师的观念和方法不如自己的好	自我 - 自我决策（自主） 人际关系 - 人际边界（清晰） 人际关系 - 人际状态（主观自我）

此外，当重要经历带来的认知体验与家庭或社会传递的认知观念相悖时，这种内外认知观念不同程度的矛盾对个体的自我主导力也将产生影响：（1）为个体带来困惑，阻滞其自我主导力的发展。如个案 S09，高中一段失败的感情让其对恋爱既憧憬又矛盾，阻碍了其在人际关系尤其是在建立亲密关系的方面的发展。（2）这种影响甚至凌驾于家庭与社会的影响之上，而对与该经历相关的自我主导力维度产生决定性的影响。如个案 S16，其中学阶段成绩差，后来靠自己的学习方法从排名垫底升到班级前三，之后变得自负，觉得自己能够搞定一切，"别人说的我一概不想听"。

（五）重要他人对自我主导力发展的情感补偿作用

米德认为，影响自我发展的有概化他人和重要他人两类（米德，

2014），访谈文本中涉及的重要他人，是指在个体的成长中以较为平等的态度倾听或理解个体、起着重要的情感补偿作用的他人。

访谈分析结果显示，这些重要他人对被试自我主导力的影响主要表现在自我及人际关系维度上。（1）在自我维度上，重要他人的情感补偿作用会带给个体温暖和理解的情感体验。（2）在人际关系维度上，与重要他人的相处有助于促进个体人际交往能力的提升，与他人形成平等互动的交往模式。这种发挥情感补偿作用的重要他人，为个体自我主导力的发展提供了情感支持，为其提供了温暖和理解的自我感知；促进了其人际交往能力的习得，使其学会在相互沟通中满足彼此需要；最终做到既能关注自我、倾听内在的声音，又能与环境和他人相互协调（见表4-5）。

表4-5 沉浸文化中"重要他人"的影响示例

个案	重要他人材料示例	对 SA 的影响
个案 S04	姑姑思维像年轻人，很亲近	自我 - 自我感知（被理解） 人际关系 - 人际类型（平等）
个案 S06	母亲在初中前角色缺失，父亲忙，与父母沟通少。在学校受到老师的关注，与老师沟通多，什么都能聊	自我 - 自我感知（温暖） 人际关系 - 人际能力（建立关系能力）
个案 S10	与表姐关系好，能理解我	自我 - 自我感知（被理解） 人际关系 - 人际类型（平等）

（六）小结

通过对 16 名个案访谈文本资料的质性分析，笔者发现进入大学前的沉浸文化中对大学前自我主导力水平的主要影响因素包括亲子关系、家庭教养方式、学校教育模式、个体的重要经历及重要他人。其影响因素和影响机制如图 4-16 所示。

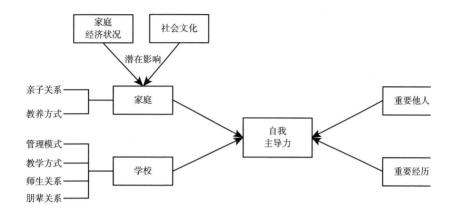

图 4-16　沉浸文化影响大学前自我主导力水平的因素和影响机制

二　沉浸文化与植入文化的冲突协商对自我主导力的影响机制

通过对 16 位同学访谈文本资料的质性分析及归纳，笔者发现植入文化与沉浸文化的冲突协商主要表现为大学前后学校环境的冲突协商、大学前后家庭环境的冲突协商。

（一）大学前后学校环境的冲突协商

1. 学生个体感受到植入文化中大学里的挑战与要求

随着个案进入西浦，之前的应试教育环境撤出了个体的生活，取而代之的是具有鲜明特色的西浦大学校园文化，这也对所有的个体提出了新的要求。访谈文本中，个体基本上能感受到西浦的文化具有自由、多元、开放、规则、民主的特点，以及这种新环境带来的要求（见表 4-6）。

表 4-6 个案感受到的西浦文化及其要求示例

个案	感受到的西浦文化	感受到的要求
S01	知识的应用性；不是死记硬背，知识实用；世界公民跟世界上更多人打交道；尊重思维的多样与独特	自主性要求高 需要安排与平衡能力
S02	自由度高（自主安排时间）；学生有地域差异	要求自己平衡学习与生活 需要提高生活自理能力
S03	开放性高；国际化；知识更实用	要靠自学，跟老师沟通要主动，要自己进行时间管理
S04	父母管不了了，自由了很多；知识的工具性、实操性；没有围墙，进出自由；社团更加社会化；学生更自主；上课互动多，不强迫回答问题	学习生活中主动性很重要 自我管理能力很重要
S05	强调个人观点的重要性；多元化、国际化	需要自己去探索而非靠教师灌输知识
S06	老师讲课投入，但课下互动少；老师更加职业化，课下与其互动需要预约；学会了很多技能	需要自己做选择 学生自主靠自己
S07	不是那种安逸的环境；有各种有自己想法的人；对未来的想法更清楚；变得更爱学习了	需要了解自己 需要考虑自己的未来
S08	学习特别强调理解应用分析、评估和创造；大学不仅学知识，还培养技能素养；学校开放，资源很多	需要主动交流的环境 需要更多调整自己，凡事靠自己
S09	教学更生动；学习内容具有实用性；大学资源丰富；自由选择太多	需要自己学会做决定 需要提高自我管理能力
S10	讲课方式更有意思；知识面宽；以学生为中心的教育模式	需要更好地安排时间 需要适应新的教育模式
S11	体验式学习；互动多，观点多元；教学形式多样培养能力；国际化、自由开放；批判性思维方式；生活更加充实	课余时间多，要自己管理自己 有自己的观点很重要 独立性很重要
S12	课堂讨论多；有时间去做自己想做的事情；室友地域差异很神奇	大学更多靠自己 需要理解自己并规划未来
S13	课题互动多；考核方式多样；过程考核考试心态更好；课堂上很多外国人；大学不只学习；老师鼓励打断别人；语言是交流的工具	需要学会主动利用学校资源 需要自己平衡学习生活 需要适应大学的这些文化
S14	学习做事主要是兴趣导向；没有强制自习；作业形式没有具体要求；学校没有围墙；社团多，活动丰富，交到朋友	要有独立观点且为之努力 强调批判性思维 强调年轻的成年人的概念

续表

个案	感受到的西浦文化	感受到的要求
S15	课堂学习状态放松；上课不是照本宣科；既自由又有约束，毕业有等级；学校开放，资源很多	要自己对自己负责 主动性提高了 强调年轻的成年人的概念
S16	老师不管了；学习要合作，思想交流；生活在变化中；身边同学努力，生活丰富；社团多，活动丰富；有很多事情可以做	要自己对自己负责 得自己给自己找活干 待人接物更主动

可见，植入文化为个体自我发展提供了空间。在认知方面，强调"体验"应为获取知识的真正的不可或缺的途径，即教师在对学生教育引导过程中，其知识体系的构建不能依赖独立于主体的先验性概念和知识（指不依赖于经验的基本原理或原则），而应依赖主体自身的感知、体验及由此产生的对外界事物的解释；强调批判性思维，鼓励学生发表自我观点。在人际关系方面，充分尊重个体的独立性，即老师不会主动找你谈话，学生没有班集体的概念，要求个体主动建立关系、积极发展关系。在自我方面，强调个体感知真实的自我，体会"孤独"，倾听内在的声音，寻找属于自己的道路。

2. 沉浸文化与植入文化中学校教育模式的冲突协商

笔者发现，（1）区别于沉浸文化中不同个体所处的中学环境各不相同，在植入文化中个体面对相同的大学文化；（2）相较于之前以控制取向为主的学校教育模式，西浦文化可被划归为自主取向；（3）西浦教育模式可以归纳为学校管理模式、师生关系、朋辈关系、教学方式、课外活动五大影响要素，这些要素共同作用于个体，影响个体自我主导力的发展。各部分的具体影响机制分析如下。

在学校管理模式上，西浦体现出自由、多元、开放、规则、民主等特点。外部权威角色的弱化为个体自我主导力的发展提供了更加有利的空间。在人际关系上，有别于沉浸文化中的同质化人际关系环境，西浦人际关系环境的异质性有助于培养个体与不同背景的人建立关系的能力，促进其在人际关系方面的发展。在自我上，区别于沉浸文化中控制取向的学校管理模式，西浦体现出强烈的自主取向，要求学生提高自主性，自己安排时间，自己管理自己等，使个体学会倾听内在的声音，锻炼个体自我决策的能力。在认知上，相较于沉浸文化中的学校管理模式，西浦给予的空间和自由有助于个体自主探索、扩大认知范围、不断丰富原有的认知体系。这些在一定程度上促进了个体自我主导力的发展（如图4-17所示）。

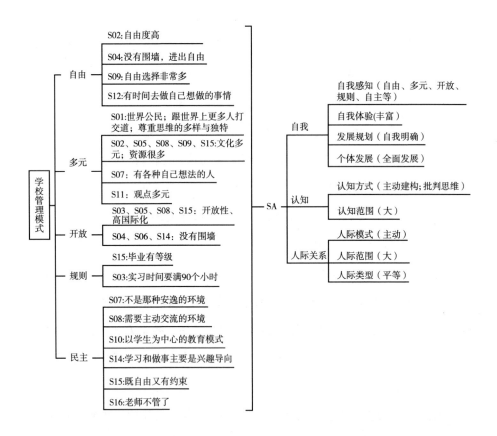

图4-17 植入文化中学校管理模式对个体自我主导力发展的影响机制

在师生关系上，西浦体现出平等—互动的特点，同时师生之间互动的频率也比沉浸文化中低。在新的环境中，教师不再是让学生依赖的外部权威角色，不再帮学生安排好学习日程，也不会督促学生学习，这要求个体在自我方面发挥主观能动性，自主管理学业；尝试从较为平等的视角定义与教师的关系，结合自身情况自主选择约见教师，从而促进人际关系的平等性和主动性；在认知方面，认识到学习是自己的事情，不能被动等待教师的指导。同时也对教师重新定位，教师分类更细，也更加专业，他们不仅可以提供学业的指导，也可与学生交流生活或者职业规划等不同的话题。总体上，教师这一外部权威角色的弱化和"放手"的理念与行为，有助于推动个体自我主导力的发展（如图 4-18 所示）。

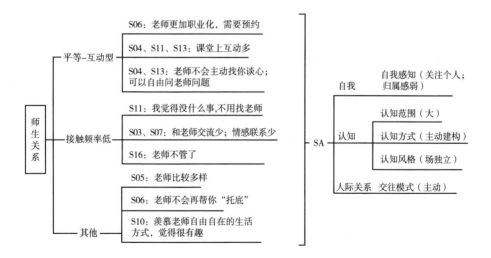

图 4-18 植入文化中师生关系对个体自我主导力发展的影响机制

在朋辈关系上，没有了像基础教育阶段学校设置的固定班级，个体在西浦感受到朋辈关系主要呈现异质化的特点，朋辈中有来自不同国家、不同省份、不同信仰、不同年级、不同社团、不同班级等的个体或者群体。这一异质化的朋辈关系环境要求个体主动建立人际关系，并且要能够协调与不同背景的人之间的关系。此时，不同的个体在植入文化中感受到不同程度的归属感、亲密感，也面临着不同程度的挑战。因此，在解决"亲密与孤独"的命题中，朋辈关系的支持作用表现出个体差异，在不同程度上支持个体自我主导力的发展（如图 4-19 所示）。

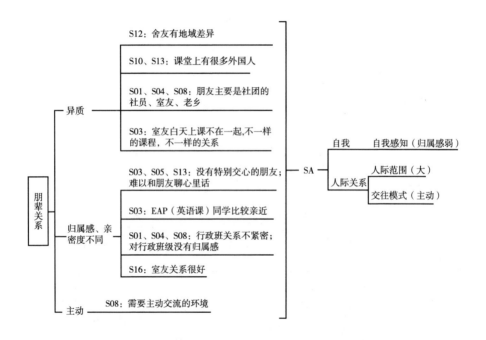

图 4-19　植入文化中朋辈关系对个体自我主导力发展的影响机制

在教学方式上，西浦呈现自我主导和意义建构等特点。在自我维度上，强调自主导向，有利于激发其内部动机，提高个体的独立性和自主性；在认知维度上，促进个体主动对知识或自我发展进行意义建构，形成场独立的认知风格，在与沉浸文化的冲突中不断重建内在的信念体系；在人际关系上，强调个体参与师生互动的主动性等，有助于培养个体的自主性，提高与他人建立关系的能力，促进个体自我主导力的发展（如图4-20所示）。

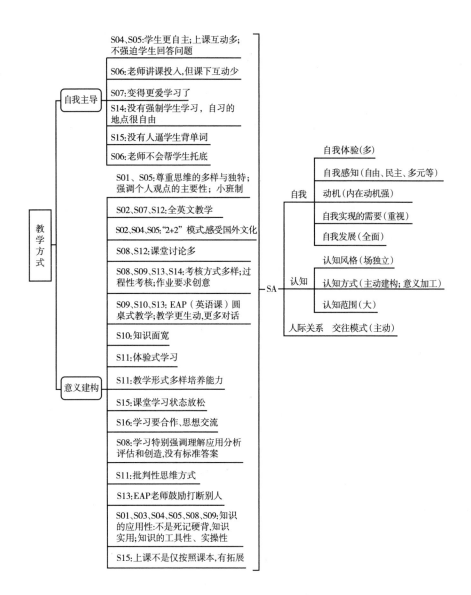

图4-20　植入文化中教学方式对个体自我主导力发展的影响机制

在课外活动上，显示出植入文化与沉浸文化较大的不同。（1）西浦的课外活动在学生个体发展中的作用更加重要，没有屈服或者让位于纯粹的课堂知识学习；而在沉浸文化的教育环境中，在应试导向和压力下，课外活动在学生个体发展中处于次要地位，让位于课堂教学。（2）相较于以前课外活动少、形式单一，西浦的课外活动具有多元丰富的特点。（3）西浦的课外活动，在"学生自治、学校引导与服务"理念的引导下，强调学生根据自己的兴趣爱好和追求参与各类学生活动，教师极少干预。以共同兴趣爱好和追求为纽带，自发组建和参与的社团满足了大学生自我归属、交往、娱乐、成就的需要，为学生塑造个性、提高社会适应能力、促进社会角色的形成提供了广阔舞台（李凤兰，2008）。自主选择的社团更好地发挥了学生的主体作用，激发了个体的内部动机。开放的社团文化也丰富了个体的认知维度，拓展了其人际交往的范围，促进了自我主导力的发展（如图4-21所示）。

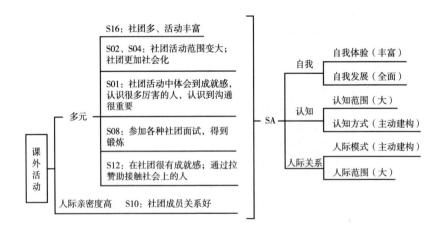

图4-21 学校课外活动对个体自我主导力发展的影响机制

小结：通过对 16 名个案访谈文本资料的分析，笔者发现：（1）随着个案进入西浦，原本在应试教育导向下与家庭"合谋"的教育环境，被西浦自由、多元、开放的新环境取代，让大部分个案感受到了这两种教育模式的冲突。（2）少数个案（如个案 S09）在基础教育阶段的学校教育模式相对自由，对学生自主发展的支持度较高，其大学前后感受到的学校教育模式具有较高的一致性，但是仍旧无法摆脱应试教育环境的影响，自主发展的时间和空间相对有限。（3）总体而言，植入文化与沉浸文化中学校教育模式有很大差异（见表 4-7）。

表 4-7 植入文化与沉浸文化中学校教育模式的差异

	内容	沉浸文化	植入文化
学校教育模式	资源支持	学校主动提供	需要学生主动寻找
	发展目标	共性且唯一（高考）	个性且多样
	控制程度	外部控制强	外部控制弱
	教学宗旨	以学业为中心	以学生为中心
	教学方式	灌输式	互动式
	师生关系	服从权威	平等尊重
	朋辈关系	同质化	异质化
	教学特点	重结果	重体验
	教学安排	控制取向	自主取向
	学校环境	控制、封闭、单一	开放、自由、多元
	学生角色	孩子	年轻的成年人

通过对文本资料和表 4-7 的进一步分析，结合文献，笔者得出以下结论。

在西浦，个体感受到的学校教育模式更多的是以学生为中心，强调学生自治的自主取向。

（1）这种自主取向的西浦学校教育模式对个体的发展提出众多挑战，要求个体在自我方面更加独立、更加认识自己，能够思考并回答"我是谁""我想要成为什么样的人"等命题，使其在植入文化中提高自我管理能力、自主决策能力，促进学生向"年轻的成年人"转变；在人际关系方面，能够接受不同的观念，锻炼学生"与不同背景的人建立关系"的能力，扩大其人际交往范围，在关系中解决"亲密与孤独"的命题；在认知方面，鼓励学生丰富个体的经历与体验，扩大认知范围。同时，鼓励学生倾听内在的声音，产生自己的想法和思考，不断在与原有文化的冲突中构建新的认知体系。

（2）这些挑战对于个体的自我主导力发展提供了意义建构的重要机遇。凯根认为个体自我发展的过程就是社会意义和生活意义建构的动态过程。这里的动态主要是指一个人意义建构的过程是持续的，是不断从平衡走向失衡，再从失衡走向平衡，如此循环不断（Kegan，1995）。在面对诸多挑战时，个体为了再次达到平衡状态，在自主取向的新环境中，需要不断丰富自我体验，发展自我的兴趣爱好，培养并倾听内在的声音，发展"真实自我"。个体在不断与原有的自我认知碰撞以及在质疑、重建的过程中不断形成新的认知体系，指导自我发展，坚定内在的声音，促进自我主导力的发展。

（3）过度理由效应理论很好地解释了自主取向的西浦文化为什么有助于个体在应对挑战和意义建构中发展自我主导力。西浦的学校教育模式外部权威力量（学校、教师等）的减弱，降低个体对他人的依赖，转而倾听内在的声音，激发内部动机，促进自我主导力的发展。具体而言，外部权威力量的减弱给了个体较大的空间和较宽松的时间，在自我方面，自主取向的学校教育模式有助于个体从自我的视角来定义自己，鼓励个体倾听内在的声音，促进"真实自我"的发展。在人际关系方面，课堂、社团等组织中群体的多元化扩大了人际交往的范围，有利于个体培养"协调与不同背景的人的关系"的能力，在不同类型的人际关系中寻找自我与他人的位置。在师生关系中，教师角色的转变在一定程度上促进个体提高人际交往的主动性和人际关系模式的平等性。在认知方面，管理模式的开放、自由，强调学生自治的教学理念等，对大部分学生原有的认知方式形成挑战，在不断与新环境的互动中，培养独立性思维，形成场独立的认知风格，从而促进自我主导力发展。

（二）大学前后家庭环境的冲突协商

1. 受植入文化影响，进入大学前后家庭环境的冲突协商

教育环境的变化对学生自身提出了新的要求：学生要积极调整自我，变得更加独立、自主，适应西浦环境。这种教育环境的变化在给大学新生个体带来挑战的同时，也使其有机会在"失衡"与"平衡"的动态过程中重新进行意义建构，并实现自我发展。这种教育环境的变化在对学生提出新要求的同时，也对其家庭提出了新要求，植入文化与家庭的冲突主要表现在亲子关系及家庭教养方式上。一方面，在亲子关系上，家庭需要接受甚至主动进行一定的个体分离；另一方面，家庭需要转变应试教育环境影响下片面重视孩子学业表现的教养观念与教养行为（如图4-22所示）。

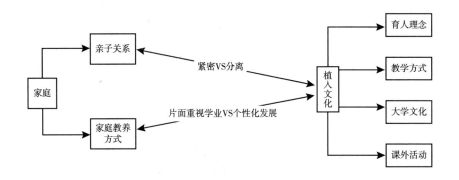

图4-22　植入文化中家庭环境"冲突"

在 Bowen 的家庭系统理论中，分化是一个很重要的概念。内心层次的分化是指个体有能力将理智与情感区分开来，人际关系层面的自我分化是指个人在与他人的关系中同时体验到亲密与独立的能力。自我分化良好的个体能在家庭中同时维持独立自主与情感联结的平衡，他们在与人相处时能够保持清晰的自我感知，能够处理好"我"的位置（I-Position），面对他人施予的压力时能够基于理智去坚持自己的信念，而不需要迎合他人的期望（吴煜辉和王桂平，2008）。

面对植入文化对家庭的新要求，（1）如果家庭能在亲子关系以及教养观念与行为上进行一定的调整，即植入文化与沉浸文化进行协商，将有助于大学阶段孩子的认知发展与自我探索。如个案 S01 在高考后，其父亲主动提出将其当作成年人对待的过渡建议，并且在孩子进入大学后，父母能够较早适应新的家庭结构，"（父母）现在都有自己的活动"。如个案 S12，明显感受到"现在父母不会操心我学习的事"，沟通的内容也比在沉浸文化阶段更为丰富，"沟通内容重心由学业转向生活"。当家庭能够较快地适应甚至主动进行分离，鼓励孩子更好地向外探索时，这种支持的态度在认知上促进了个体自我体验的丰富，有助于个体形成场独立的认知风格，扩展认知范围；在人际关系上，家庭内部的分离，有助于个体将"我"与他人进行区分，更好地定义自我、理解他人，学会在协商中满足彼此的需求，这有助于对自我维度的理解和对人际维度的发展，尤其是对未来建立和不同的人际关系起到促进作用。（2）如果家庭难以做出调整，沉浸文化与植入文化难以协商，则将阻碍孩子在大学后自我主导力的发展。如个案 S05、S10、S15，进入大学初期，虽然其家庭感受到了新环境的要求，但是"父母对待方式改变不大"，对子女的控制仍然很强。具体而言，个案 S05 的父母通过"推送孝道的微信内容给我"达到控制个体的目的；个案 S10 的父亲面对女儿独立的要求"闹脾气"，给个体带来很大的情感压力和束缚；个案 S15 的父亲还是会方方面面

"帮我安排",部分剥夺了个体通过自我认知、决策等方式来感受自我、体验世界和发展自我的机会。这种与新环境要求不一致的持续控制,使个体在认知上形成了场依存的认知风格,以及被动接受的认知方式;在自我上难以独立,内部动机为外部动机所替代,长期缺乏对自我内在需求的关注,自我主导力发展受限。

2. 西浦文化与家庭形成合力

笔者在对 16 名个案的访谈中发现,对于这种新环境的要求,家庭反应主要分为主动改变、被动接受两种类型。由于西浦文化及其要求本质上与父母希望孩子更好地成长发展的理念一致,加上个案本身与家庭在物理上的分离,及其对西浦文化的"内化",尽管父母或其中一方在分离初期在情感上会出现难以适应的状况(如个案 S05、S10、S15),但是通过两个学期的追踪,笔者发现大部分家庭随着时间的推移,最终会与西浦在冲突与协商中形成鼓励孩子独立、发展自我的合力(见表4-8)。

表4-8　植入文化与家庭形成"合力"示例

个案	应试教育下的家庭反应	西浦影响下家庭变化
S01	父母以讲道理为主	父母现在有自己的活动
S04	父母要求孩子考多少名不合理 父母严厉,期望高	父母管不了了,自由了很多
S08	学校和专业都是父亲主导选择	大学父母鼓励孩子走出去
S13	母亲从小给孩子建议,帮忙安排	父母没有非要孩子干什么; 母亲鼓励孩子走出去
S14	初中前在行为习惯上管得特别严	父母少管很多
S15	父母帮孩子做了很多,孩子会变懒	父母在生活上关心更多
S16	父亲会用各种论证去努力说服孩子; 感觉父母想改变孩子但是没成功	现在不会操心孩子学习的事; 沟通内容主要是学业还有生活

总体上，受应试教育环境影响，家庭与学校"合谋"，片面追求学业表现，导致学生自我主导力处于被压抑而缓慢发展的状态。随着新生进入西浦，旧的应试教育环境撤出了生活。同时，一方面距离远等客观原因弱化了家庭对孩子高控制可能产生的负面影响；另一方面，西浦自由、民主、多元规则、开放环境刺激新生走出"舒适区"，更加独立、自主。这些为学生探索自我、发展认知提供了"沃土"。这种新环境的变化对学生个体及其家庭提出新的适应要求，学生需要发展自我，家庭则需要在亲子关系上接受甚至主动分离，并转变教养观念与行为，最终与西浦形成"合力"。

第三节　对自我主导力理论的完善与发展

一　对自我主导力理论三个维度的完善

马格达的自我主导力理论将自我主导力定义为存在于个人内部的能够定义自我信念、自我身份以及社交关系的能力。该理论认为自我发展有三个相互交织的维度，分别是认知维度、自我维度以及人际关系维度，但是对于三个维度具体的内涵，马格达的自我主导力理论中则没有明确定义。本书在马格达理论的基础上，通过对16名个案的深入访谈以及文本分析，细化出每个维度下的具体属性，进一步完善了马格达自我主导力理论关于自我、认知、人际关系三个维度的内容，如图4-23所示。

本书对马格达的自我主导力理论中的自我主导力三个维度内容的补充建立在16名个案资料的基础上，如果有更多差异性个案，笔者认为对相应维度内容的补充可以更加科学和充实。

二　自我主导力理论三个维度间的动态关系

马格达等研究者已经发现个体自我主导力三个维度与自我主导力发展的十个节点，但是到目前为止，对于三个维度之间动态关系的探究依然很少（Pizzolato和Olson，2016）。重新审视自我、认知和人际关系三个维度之间的相互关系对自我主导力整体发展的影响机制非常重要。

笔者发现：（1）个体在不同发展阶段受不同文化环境影响，其自我主导力三个维度间的动态关系存在差异性；（2）在个体自我发展的过程中，年龄越小，其所处的人际关系维度对自我和认知的影响越大，随着年龄的增长，尤其是到青春期和成年早期，自我主导力中自我维度的发展对认知和人际的影响更大。

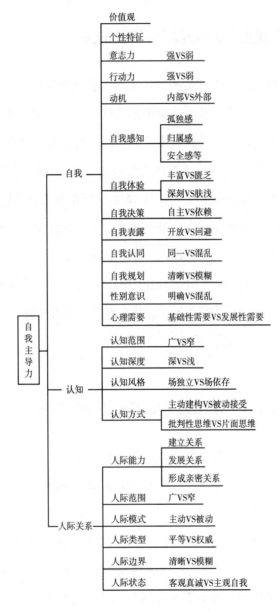

图4-23　自我主导力三个维度属性补充

通过对 16 名个案自我主导力发展影响因素和机制的分析归纳，笔者发现，对于西浦大一的学生而言，自我主导力理论的三个维度（自我、认知、人际关系）的动态关系在部分阶段（学龄前、青春期、成年早期）具有较为明显的规律性。这种动态变化中的规律性具体表现如下。

学龄前，人际关系维度占主导地位并对自我与认知产生决定性影响。该阶段个体的主要特点是年龄小、模仿能力强、习得性强，亲子关系在其生活中占主导位置。这使亲子关系成为该阶段家庭教养观念与教养行为传递的载体以及孩子探索自我、构建认知的基础。孩子的自我主导力在这种关系的互动中萌芽并初步发展。本书中许多个案表现出"虚假自我"的发展，能够很好地证明这一观点。根据对个案访谈文本的分析，笔者将"虚假自我"分为以下四个类型（见表4-9）。

表 4-9 个体"虚假自我"的表现类型示例

个案	假我类型	特点
S05、S06、S08	完全迎合期待型	外部力量过于强大，自我在他人的期待中成长，真实自我存在感低
S07、S13	高度内化权威型	外部力量强大，个体高度认可外在的声音，并且逐渐将其内化成自己的信念
S10、S11	质疑权威的多面型	外部力量强大，但是同时个体也有自己的声音，在与权威的对抗中形成防御手段，表面上认同，实际上有自己想法
S02、S16	对抗权威的自负型	个体不信任外部的力量，同一性过剩导致自负

青春期个体自我意识觉醒，自我维度在自我主导力的整体发展上地位逐步提高。

一方面，该阶段个体已经进入基础教育环境，人际关系变得更加多元，认知范围更加宽广，导致父母的权威地位随着孩子的成长受到质疑与挑战。尤其是进入青春期，随着个体身心的成熟，个体的"自我意识"迅速发展，其内在声音的力量变大，个体更加关注自我的需要，渴望掌控自己的生活。另一方面，随着自我发展在不同阶段主题的变化，如在中考、高考、选择大学和专业以及思考自己人生重大课题时，环境对个体自我维度发展的要求也会相应地越来越高。

如果这一阶段自我维度的发展没有被过度挤压，那么将有利于"真实自我"的发展，从而促进自我主导力的发展；反之，则将抑制"真实自我"的发展或者发展出"虚假自我"，不利于自我主导力的发展。比如在 16 名个案中，大部分个案客观存在高考压力，学校在管理模式、教学方式等设计上都服从于这一目的；同时其家庭与学校在教育观念与行为上达成了一致，实现了家庭与学校的"合谋"：片面关注个案学业表现，挤压孩子探索自我、构建认知的时间、空间。这种自我发展的需求以及现实环境的压力，导致个案在沉浸文化中自我主导力发展出现了其自我先围绕他人的感受和目标而构建的情况，忽视了青春期自我意识中很多内在声音的培养和倾听，抑制了对内在情绪的感受，阻碍了内在情绪的流动，从而过于关注外在的声音。

成年早期，自我维度发展水平的重要性更加明显。如果在其沉浸文化中"自我"得到较好发展，知道"我是谁""我要去哪里"，有良好的心理资源水平、强大的内部动机，则将促进个体在大学阶段积极适应新环境，进一步探索自己的人生、构建自己的认知、拓展自己的人际范围，从而促进自我主导力的发展。相反，那些在沉浸文化中"自我"被压抑，形成"虚假自我"的个体此时在适应新旧环境差异、实现"平衡—失衡—平衡"的自我建构中将耗费更多的时间，并付出更多的心理资源，阻碍自我主导力发展。

三 中国传统文化与自我主导力理论

在研究过程中，笔者发现自我主导力的发展路径与中国传统文化的相关理念不谋而合。比如禅宗大师青原行思表述的"三重境界"（普济，1984）及廓庵师远的《十牛图颂》（李存周，2016），他们阐述了修行者在修行过程中的不同发展阶段也是个体生命不断完善的发展阶段。从这个视角来看，以马格达为代表的西方个体发展理论与中国传统文化的修行之道存在相互对话的基础。两者之间的对话可以促进我们更加深入地理解不同文化情境下生命发展路径的异同。

两位大师所表达的观点的基本内容是：在修行发展最初阶段，个体自我的力量比较弱小，容易受到外部力量的影响；当个体踏上寻找自我、探索自我的道路后，会经历外在与内在的冲突与协商；经历了各种不平衡之后，个体逐渐走向真实而独立的自我。青原行思对参禅三重境界的表述与自我主导力发展的三个阶段的比较见表4-10。

表4-10　传统文化视角下自我主导力三阶段发展

人生三境界以及个体在此阶段的发展特点	自我主导力发展阶段及其特点
看山是山，看水是水：对外在全盘接受，相信世界有某种规则，对规则有信徒般的崇拜，结果在现实里处处碰壁，从而开始怀疑	阶段1外部形式：信任外部权威、外部资源（家长、教师）
看山不是山，看水不是水：看到外在和现实世界中的虚伪、丑陋、真真假假，雾里看花，我们在现实里迷失了方向，迷惑、彷徨、痛苦、挣扎，我们开始多了一份理性来思考现实，内心有自己的声音，来看待外在的人和事	阶段2内外交替：学习倾听内在的声音（自我）
看山还是山，看水还是水：洞察世事后的返璞归真，不是每个人都能达到的境界，很多人迷失在前一个阶段。该阶段我们对世事、对自己都有了清晰的认识，知道自己要追求什么、要放弃什么，"世事大梦一场"	阶段3内部基石：信任内在的声音

《十牛图颂》阐述的是"修行"的过程。该图指出修行者要经历的十种境界"寻牛、见迹、见牛、得牛、牧牛、骑牛归家、忘牛存人、人牛俱忘、返本归元（源）、入廛垂手"。"牛"和"牧童"的比喻非常类似于凯根理论中主体和客体的关系，其中"牧童"象征进行建构的主体，"牛"象征要建构的客体。此外，笔者认为，图中的"牛"最初表现出一种情绪认知（情绪妄想，心念—自动思维），慢慢从"对这个事和人，你怎么感觉、怎么想"最终发展为自我信念（重要的不是在你身上发生了什么，而是你如何看待它）；"牧童"则是指自我意识，即"我是谁？""我要什么？""我认同自己吗？或我觉得自己怎么样？"表现出对自我的感知和自我的身份认同等。"牵牛的绳子"就像呼吸一样应对外在环境，表现出一种自然环境和人际环境之间的互动。

《十牛图颂》更具体地阐述了每一阶段自我主导力在自我、认知和人际关系维度上是如何发展的，与自我主导力发展的十个节点既有不同之处，也有相似之处。笔者认为，"寻牛、见迹、见牛、得牛、牧牛"非常接近自我主导力发展过程中个体如何培养、倾听并逐步信任自己内在的声音；"骑牛归家、忘牛存人"则接近逐步建立内在基石，形成稳定价值观的阶段，也就是自我主导力建立、稳定的阶段；而"人牛俱忘"之后的阶段是开始进入自我主导之后的个体间自我阶段。

第五章

教育建议及研究展望

根据笔者对 16 名个案的研究分析，自我主导力的发展在不同阶段有相应的发展课题。在前文中，我们已经了解到沉浸文化、植入文化对个体自我主导力发展的影响因素及内在机制。在个体与环境（文化）的互动中，文化环境因素如何以恰当的方式发挥积极作用，需要教育活动的不同参与主体（家庭、学校、社会）明确应有的定位与功能，合力促进个体的自我主导力发展。

第一节　教育建议

一　尊重个体不同阶段的核心发展主题和所处的文化环境

中国传统文化认为，二十弱冠，三十而立，四十而不惑，五十而知天命，六十而耳顺，七十而从心所欲不逾矩也。这可用以指导个体逐渐走向自我独立和自由。此外，埃里克森的自我发展八个阶段理论也强调，每一个阶段都有其核心发展任务和危机，如果能够顺利解决当前的任务，个体就会获得较为完整的同一性；否则会造成个体同一性残缺、不连贯的状态。而对任务处理的成功与否会对个体的一生产生不同程度的影响。可见，中西文化在自我发展上都提出了成长各阶段的发展规律。结合本书发现，笔者将围绕个体的三个发展阶段，学龄前、青春期以及成人早期给出相关教育建议。

（一）学龄前

这一阶段个体学校教育尚未开始，影响个体发展的核心要素是家庭以及通过家庭来间接发挥作用的社会文化。此时的个体"自我"力量弱小，自我发展主要依赖外部，尤其是父母，因此，要重视家庭在个体自我主导力发展上的基础性作用，其发展主题为：为自我发展提供安全、稳定的空间，保护自我种子的萌芽。

1. 父母要有明确的角色定位

家庭是一个系统，每个人都有自己的角色定位与相应的责任权利。父母在孩子的成长早期占有非常重要的位置，父母功能的缺失会对孩子的发展产生消极影响。本书中，有的个案提到妈妈非常情绪化，不像个母亲，而像个小孩子。这就反映出如果父母与孩子的角色错位或倒置，或许可以锻炼孩子的独立自主能力，但这种"早熟"一定程度上剥夺了作为一个孩子应该有的状态。而这种被"照顾"的体验的缺失会让孩子在未来的人际关系中常常处于付出者、顺从者的角色，失去对内在声音的关注或表达自我需求的勇气。因此，父母应该注意在此阶段自我的角色定位，建构相对完整的、合理的家庭角色分工。

2. 爱是无条件的，生活是有规则的

首先，父母给予个体的爱应该是无条件的，不能以"爱"的名义"绑架"孩子，否则会造成孩子为得到父母的爱与关注形成迎合父母要求、满足父母期待的"虚假自我"。"虚假自我"的个体依赖外部权威的力量，自我被他人定义，在自我主导力发展上内在力量不足。其次，父母也要让孩子学会爱自己。只有爱自己的人才有能力去更好地爱他人。在本书中，有的父母会要求孩子多理解他人。如果没有"自爱"的前提，孩子容易忽视自我的感受，自我存在感降低，就不容易倾听自我内在的声音。一个没有存在感或者独立性的主体难以与客体形成良好的互动，也不利于自我主导力的发展。

此外，需要注意"过犹不及"，父母在给予孩子爱与自由的同时，也要注意培养个体的权威意识和规则意识，促进"自我"健康成长。如果父母一味溺爱孩子，丧失原则性，易使个体凡事以自我为中心。不仅会在人际中缺乏包容心，难与他人建立平等和谐的关系，也会在认知上难以接受他人观点，表现"自负"。因此，家庭教养中需要传达出爱是无条件的，但是生活是有规则的信号。

3. 家庭中需要建立良好的亲子关系

亲子关系是父母教育观念与教育行为传递的载体，良好的亲子关系能够满足个体安全感、归属感和爱等心理需求，为个体的自我探索提供支持性力量，有助于个体形成积极的内部工作模式，是个体探索自我、构建认知、建立关系的基础。同时，家庭内的互动模式能让个体习得如何与他人相处，并把这种积极状态扩展到社会交往中去，帮助个体建立良好的人际关系。但是，如果亲子关系过于亲密，比如在本书中存在的"母女共生"现象，则会在一定程度上会束缚个体的独立性，阻碍自我主导力的发展。因此，在人际关系形成的早期阶段，子女对父母的依赖性强，父母要能够注意保持恰当的"心理边界"，为个体的独立自主提供空间，保护其自我主导力的"种子"。

4. 父母应该向孩子传递恰当的社会文化

在本书中，我们会看到社会文化对家庭教养观念产生了重要影响。例如"一代要比一代强"、"重男轻女"等，容易让孩子受外部权威的影响，造成压抑、自卑的性格特点，难以表达自我的感知和建构合理的认知体系。家庭是个体社会化最初的场所，面对这些由代际传递的或者传统教育中的育人观点，父母需要有选择性地吸收运用，以避免孩子直面可能的不良影响。因此，父母在家庭教育的早期阶段为孩子传递合适的社会文化，有助于支持个体自我主导力的发展。

5. 树立正确的金钱观，正视家庭的经济状况

在本书，我们可以看到家庭经济状况以家庭教养方式为中介潜在影响个体的自我主导力。访谈中有的个体会由于家庭的经济状况而产生自卑感或者违背自己兴趣而选择好就业的专业。个体发展被外在的功利主义所定义，难以坚持自己的声音。因此，父母应该尽量为孩子传递恰当的金钱观，更多地保护好孩子的"真实自我"，走自己主导的人生。

（二）青春期

此时"自我意识"第二次萌芽，个体要求表达自我的声音、寻找自我同一性。这一阶段的发展主题是实现自我同一性。学校和家庭要尊重个体"自我意识"，给予个体充足的空间，发展自我主导力。在基础教育中以高考为"指挥棒"的引导下，学生首先作为人的培养让位于应试教育，形成了家庭教养和应试教育的"合谋"。所以要注意引导家庭教育走在正确的方向上，需要基础教育改革的支持配合。

1. 家庭和学校要为个体发展提供自由、民主的空间

家庭和学校都要注意为个体发展提供自由、民主的空间，提供支持性力量。在本书中，我们通过与学生访谈会发现，沉浸文化中的学校教育模式存在着较为突出的控制取向特点，这在较大程度上限制了学生的自我主导。在这一阶段，家长要注意与学校的角色定位，避免与学校"合谋"，扼杀个体自我发展。而学校教育模式则应该突破原有"应试教育"的枷锁，落实"以人为本"的教育理念，提高学生主体的自主性，为自我主导力的发展提供空间。

2. 给予学生自主权，促进个体全面发展

给予学生自主权，丰富个人经历与体验，促进个体全面发展。要重新审视并改变片面关注学生成绩的现象。访谈中，多数个案提到会在课外时间"补课"，参加周末"辅导班"等，这些在一定程度上挤压了学生的时间，限制了学生自主安排的能力。因此，学校可以增强课外活动的多元性和自主选择性，在这个过程中，培养学生的兴趣爱好和自主决策能力。兴趣爱好是自我一个非常重要的维度，也是自我主导力发展的重要内在力量。在青春期这一阶段，个体自我角色混乱，在寻找同一性的过程中，通过参与不同的活动、建立不同的人际关系，能够帮助个体更好地回答"我是谁""我想成为什么样的人"等命题，也帮助个体锻炼人际交往能力，获得更多的"同伴影响力"，支持自我的发展，建构内在的认知体系，从而有利于在未来发展上找到适合自己的道路。

3. 关注学生身心健康，提高个体内在力量

青春期的个体面临生理上、心理上的急剧变化，还有学业上的巨大压力，容易造成心理失衡和复杂的心理矛盾，甚至产生种种不良的后果。因此，学校在关注学生学业发展、开发智力的同时，也应该关注学生的心理健康，培养个体的"情商"。情商是我们识别自己和他人情绪的能力。个体能够很好地调节和控制自己的情绪，有助于个体在自我方面形成更加积极的自我观、习得更有效的策略解决人际关系方面的问题，从而促进个体自我主导力的发展。

（三）成年早期

到了大学阶段，植入文化与沉浸文化的冲突协商对家庭与学生个体均提出了挑战。对家庭而言，主要任务是面对与孩子的分离，学会放手，支

持其自主发展；而学生来到大学，要能够处理好两种文化的差异，并利用
新环境的平台促进自我主导力的发展。

1. 培养"独立自我"，从分离中获得成长

在本书中我们发现，有的孩子大学后，其父母依旧难以放手，依旧
"控制"着孩子；但也有的家庭突然抽离，让孩子没有过渡的阶段，都会
在一定程度上阻碍个体自我主导力的发展。这就要求父母要适度转变以往
的教养方式，以"成年人"的态度对待长大的孩子。在认知方面，双方都
应该重新审视孩子离开家庭后的新局面，找到新的角色定位，摆正自我的
位置。父母要能够把关注的重心回归自我，孩子才能够摆脱父母等外部
力量的束缚，获得自我探索的自由，积极进行意义建构，在新环境中重获
平衡。在行动方面，父母要调整与孩子的沟通方式、沟通频率以及沟通内
容。尊重孩子的隐私，在有关学业规划、职业发展等问题上倾听孩子的声
音，鼓励并支持其进行自主决策。

2. 支持个体发展"真实自我"，解决"亲密与孤独"的命题

当个体从从以往人际关系比较亲密、同质化的沉浸文化中来到大学，
往往会面临"亲密与孤独"的挑战。如果自我具有较高的人际交往能力，
能够积极主动建立关系，则可以较为顺利地解决这一问题，适应新环境。
如果个体以往形成的是"虚假自我"，在人际关系上容易受他人定义，难
以发挥主动性建立联结，那么常常会感到"孤独"，从而限制自我、人际
关系等维度在这一时期的发展。此时，个体要能够悦纳自我，在大学为其
提供的自由、开放的空间中面对真正的自我，在"孤独"中倾听内在的声
音。明确自我与他人的位置，寻找到适合自我与他人的边界。除此之外，
学校、家庭也要提供适当的情感或物质支持，帮助个体在暂时"失衡"的
状态中获得重新建构自我的力量。

二　重新审视和设计各阶段学校教育中学生工作的定位和运作机制

（一）基础教育阶段学生工作的角色需要发挥更加重要的作用

1. 学生工作队伍的建设亟待加强

目前在基础教育阶段，班主任是影响学生发展较为重要的角色，但班主任中具有心理学背景的比例不高，很多班主任是其他课程的教师兼任；而且班主任一人兼多职，既有繁重的教学任务，还要兼顾班级常规性的事务管理，比如纪律、学生考勤、值日等琐事，再加上没有有关个体发展的专业背景，难以关注班级每个学生的情绪波动、自我发展和人际关系发展等问题。

2. 关注学生发展的自主性、全面性

大多数学生的沉浸文化存在着以应试导向为核心的特点。其背后反映出的是忽视个体自身体验的重要性、以及个体认知建构规律的理论视角。这种"灌输式""填鸭式"的教学方式体现了行为主义学派的教育逻辑。即，把环境看作是刺激，把行为看作是反应，个体行为改变的过程就是刺激 - 反应这一条件反射的建立和消除过程，而影响这一过程的重要条件是强化、惩罚与消退等外部条件，这样的做法忽视了人的主观能动性。此外，基础教育阶段的老师通常可以给到学生充分的关注，但关注的重点是应试导向下的学业问题。班主任找学生谈心、聊天的话题也离不开"成绩"，甚至通过家长传递出对学业的片面重视。

因此，基础教育阶段要更新学生指导理论，关注学生的自我发展、全面发展。如，在课程的设置与结构上参考建构主义学派的观点，改变学生原有被动接收的状态，让学生在体验和自主中进行意义建构，不断培养并获得内在的信念和力量。

（二）根据自我主导力理论重新设计大学课程和学生发展的支持系统与项目

在大学阶段，处于成人早期的大学生，在大学这样一个新的环境中要完成复杂的学业，面对不同的教学模式、文化环境，面对"亲密与孤独"的发展任务，面对复杂的人际关系与社会关系等，这些对学生的自我发展提出了挑战。这些挑战对于大一新生而言尤为严峻，笔者认为大学的学生工作需要根据自我主导力理论重新设计课程和学生发展的支持系统与项目。采取循序渐进的方式，比如导师制（Academic Advisor）、学习伙伴（Learning Partner）、同学关系或其他形式的师生关系等，有针对性、差异化地帮助不同学生适应大学生活。Baxter 与 King 早于 2004 年就提出了学习伙伴是自我主导教育的重要理论与模型，在学习伙伴模型中，强调教育工作者应与学习者建立支持与挑战的双重关系，基于这样的人际互动模式，可以有效地帮助学习者在知识建构的过程中融入自己的见解，建立相互依赖的人际关系以及在决策时博采众长（Wilson，2005）。

在笔者工作的西浦，笔者设计并运营了一个学生支持项目，Bounce Back Program，（BBP，中文名称为"回归项目"）。该项目主要用来支持由于不能有效协调沉浸文化和植入文化的冲突，面临发展不适的学生群体。该项目理论基础之一就是自我主导力理论，项目的目的是帮助这些学生在实践、对话、思考和领悟中开阔自己的眼界；在精心设计的交流与互动中，提高自己的人际交往能力；在长久的坚持和挑战中积累知识和技能，从而在认知、自我和人际关系三个维度有所发展，更好地应对在植入文化中的挑战，并在处理这些挑战中促进其自我主导力的发展。

（三）重视个体各发展阶段之间的衔接配合

个体成长在不同阶段具有不同的发展主题，在本书中我们会看到，如果学龄前孩子未能得到足够的温暖与无条件的爱，个体会在"自我意识"

觉醒的青春期表现出安全感不够、自信心不足，因此不能很好地发展自我主导力。同样，如果青春期自我意识发展滞后或者受到抑制，个体在成年早期面临诸多发展课题（选择大学和专业，人生规划等）时，往往过于依赖父母、教师等外部权威。

结合本书个案以及笔者日常工作的经验，笔者将进入西浦的大学生归为三类，第一类是被"轿子"抬进大学校园的，第二类是被"鞭子"赶到大学校园的，第三类是自己走进大学校园的。第一类的学生在进入大学之前，父母支持并安排好一切，学生除了学业之外，其他不需要操心，所以在父母和学校的"共同支持"下，学生借助外在的力量，被送进大学。然而被"抬进"大学之后，原来的"轿夫"（家长和中学的教师）突然撤离，让这类学生在大学里不知所措，难以适应，在自我、认知和人际关系三个维度的发展均出现困难，这类学生在大学里失败的比例很高。第二类的学生在进入大学之前，面临家长和学校的高压，家长盯着，教师管着，学业成绩只能提高、不能降低，这类学生正是在这种强大的外在期待和高压下，勉强考到所谓不错的高考成绩，拖着异常疲惫的身躯进入大学校园，然而在进入大学之后，不再有人时刻盯着和管着他们，不再有人拿着随时准备抽他们的"鞭子"站在他们身边；这时的他们茫然混沌，既没有外在压力，也没有内部动机，在大学里出现了个体发展的巨大挑战，这类学生在大学里失败的比例也很高。第三类是学生在进入大学前，能够比较清楚或者非常清楚地知道自己的兴趣和发展方向，学习上主动性比较高，不是在外部高压或者期待下学习生活，这类学生的自我主导力发展往往比较好，进入大学之后，他们的发展总体也比较顺利。

可以说，个体发展不同阶段之间的相关衔接和支持非常关键。教育工作者需要理解各阶段的特点与规律，在教育理念、教学方式、管理模式、师生关系、朋辈关系、课外活动等方面全面考虑各阶段之间的衔接配合，从而促进个体的自我发展。

三　重视重要经历和重要他人对个体发展的巨大影响

个体对于重要经历的体验非常生动深刻，这种经历首先会对个案自我主导力的认知维度上产生直接影响，进而影响与该经历相关的自我、人际关系维度。积极的经历有助于个体产生正面的情绪体验，增强个体的自信心，促进个体内在声音的强大以及自我主导力的发展。相反，消极的经历则会对个体产生负面的情绪体验，打击个体的自信心，压抑个体内在声音的力量以及自我主导力的发展。

重要他人在个体成长的过程中往往扮演着重要角色，让个体在人际互动关系中感受到被理解和获得情感支持。个体在自我内在需求得到满足时，才能更好地发展出倾听他人需求和给予情感关怀的能力，促进个体习得良性的人际互动关系并泛化到其他人际关系中。

教育的本质是爱。而教育的过程，不过是一盏灯点亮另一盏灯的过程。家庭中的任何成员、学校中的老师和同学都可能成为另一个体的重要他人，其不经意的言行可能会影响孩子终生。

四　从自我发展的理论视角出发，重新审视学生发展中心理学的价值

心理学与教育学的联系可谓源远流长。前苏联著名的教育家、心理学家赞科夫就曾说过："如果我们对于教师要掌握教育学和心理学知识这一点估计不足，那也是错误的。有了这方面的知识，教师才有可能把教材变成

学生的真正的财富。"对于教师来说，必须掌握一定的心理学理论与方法，才能更好地了解学生、启发学生。近年来，各高校采用多种路径优化教学质量，培养学生的综合素养，不断提高学校的就业率、知名度。其中，教学改革成为热门课题，而心理学在教学改革与应用中也越来越受到重视。

对于家庭教育而言，目前大多数家长缺乏有关个体发展规律、家庭教养方式等基本的心理学知识，故而难以科学、有效地支持孩子的成长。这就提示家长，尤其是在与孩子的互动中，要有意识地了解相关内容，比如，如何促进家庭系统的良好运行，如何给予高质量的陪伴，如何与青春期的孩子相处等等。这些准备工作不仅有利于孩子身心健康，良好家庭氛围的营造也会对家庭其他成员的发展带来积极影响。

第二节　研究展望

在本章节中，笔者将围绕书中的研究设计、研究对象、研究文化背景以及研究者自身的价值观等问题，进行一定的总结与讨论，以期找到研究中可能存在的不足，在今后的研究中加以改进。

一　研究设计

从研究设计来看，自我主导力的发展是一个动态变化的过程，长期跟踪调查能够较好地考察这一动态变化过程。考虑到本书的研究主题围绕沉浸文化、植入文化展开，在控制研究的时间成本等情况下，笔者选取了刚经历这两阶段的大一新生展开访谈，存在一定的局限性。未来研究中可以扩大取样的年龄段，或进行追踪研究，进一步探讨学生自我主导力的纵向发展，以丰富研究结果。

二　研究对象

自我主导力的发展受到文化、地域等因素的影响（Pizzolato et al.，2012）。凯根认为目前美国大部分学生在进入大学时，其心智发展处于第三个原则的状态（Kegan，1995）。而我国学者王宗篪、史秋衡（1994）的实证研究发现，我国大一学生中接近一半人是处于类似凯根理论中的第二原则或第三原则的心智模式。由此看出，中外大学生认知水平存在差异性。同时，由于自我主导力的发展受到认知建构的影响，那么，中西不同文化背景下的个体自我主导力的发展是否呈现出不同的发展路径，就成为值得探究的问题。本书所选取的研究对象都是在中国教育背景下成长的学生，今后研究可以选取在国外教育背景下成长的学生进行跨文化研究的比较，探究自我主导力发展的路径特点。

三　研究方法

本书采用质性研究的方法，它方便研究者通过较少的样本，在与访谈对象面对面互动的过程中，从微观层面动态地、深入地探讨研究问题。而量化研究是研究者先建立假设不能够确定具有各种关系的变量，使用有效的工具对这些变量进行测量与分析，来验证既定假设的方法。由此看出，两种方法在认识论基础、对主客体的侧重等方面存在差异，但质性研究与量化研究的结合可以从不同的视角互相验证、补充，推动对相关问题的研究。近年来，对自我主导力进行的量化研究多采用 Pizzolato 在 2007 年编制的《自我主导力调查问卷》，但该问卷尚未有标准汉化版，难以适用于中国大学生。因此，在今后的研究中可以尝试对中国背景下的大学生《自我主导力调查问卷》的修订工作，以指导相关研究的开展。也可以采用质性研究与量化研究相结合的方法丰富自我主导力的相关研究。

发展。

四　研究文化背景

中西方文化在"学生发展"这个命题上相遇，表现出一定的异曲同工。自我主导力理论是马格达通过对美国迈阿密大学多名学生进行追踪研究提出的，具有鲜明的西方文化背景。该理论将自我主导力发展分为由外部权威主导到十字路口再到内部主导的三个阶段。相比较而言，中国传统文化中对个体发展路径的表述也存在由外向内的过程，强调对内在自我声音的关照，比如，禅宗大师青原行思表述的"三重境界"，及廓庵禅师的《十牛图颂》表述个体参禅、修行的过程。而中国传统文化还强调在个体具有内部主导力之后的解构过程，对个体发展的境界呈现得更为清晰。因此，研究者在向传统文化致敬的同时，今后的研究需要从中吸收更多的营养，以此推动中国背景下学生发展理论的完善。

五 研究者自身的文化前设

本书的研究案例均来自西浦，一所中外合作办学高校。西浦校园文化崇尚自由与自律的统一，多元与规则的协调；鼓励学生的自我探索，培育自我发展的内在驱动力，而不是为了纯粹学习知识、参加考试、获取考分的被动机械的考生；推崇主动和研究导向的学习行为，而不是依赖"喂养"的被动学习行为；鼓励学生在人际关系上能够做到"和而不同"，不是一味服从权威角色，也不是纯粹以自我为中心，忽略他人视角和整体情境。笔者长期浸润在具有这种国际化大学文化特点的环境中，虽然不断提醒自己的研究者身份，保持一种严谨科学的学术态度对文本进行分析讨论，但仍不可避免地会存在"只缘身在此山中"的问题，对某些现象的理解和判断不够清晰、全面。

因此，未来研究中笔者需要不断反思局内人和局外人的身份，有意识地觉察自己的文化前设，让这些潜在意识海洋底层的影响浮出水面，提高对研究文本、数据的解读，更加辩证地看待植入文化和沉浸文化的关系，准确把握个体的自我主导力发展。也欢迎各位读者进行交流指导。

参考文献

1.〔美〕埃里克·H.埃里克森:《同一性:青少年与危机》,孙名之译,中央编译出版社,2015。

2. 藏经书院:《卍续藏经》(第 113 册),台湾新文丰出版公司,1976。

3.〔美〕查尔斯·霍顿·库利:《人类本性与社会秩序》,包凡一等译,华夏出版社,1999。

4. 陈光洁、汪芳芳:《探索与选择:当下我国"重男轻女"思想刍议》,《重庆科技学院学报》(社会科学版)2013 年第 10 期。

5. 陈宁、张庆林:《教师期待效应的启示》,《江西教育》2007 年第 9 期。

6. 陈珅:《青少年心理分离的研究综述》,《时代教育》2017 年第 10 期。

7. 邓赐平、桑标、缪小春:《认知发展理论的沿革与新发展》,《华东师范大学学报》(教育科学版)2001 年第 4 期。

8.〔法〕拉康:《拉康选集》,褚孝泉译,上海三联书店,2001。

9.〔法〕让-保罗·萨特:《存在主义是一种人道主义》,周煦良等译,上海译文出版社,1988。

10.〔法〕西蒙波伏娃:《第二性》,郑克鲁译,西北出版社,2009。

11.〔美〕戈登堡:《家庭治疗概论》,李正云等译,陕西师范大学出版社,2005。

12. 郭金山:《西方心理学自我同一性概念的解析》,《心理科学进展》2003年第2期。

13. 何腾腾等:《大学生成人依恋与人际交往的相关性分析》,《中国健康心理学杂志》2012年第5期。

14. 侯玉波:《社会心理学》,北京大学出版社,2015。

15. 华幸:《人本主义心理学的发展及评价》,《科教文汇(上旬刊)》2009年第1期。

16.〔美〕吉尔·萨夫、大卫·萨夫:《客体关系入门(第二版)》,邬晓艳等译,世界图书出版公司,2009。

17. 江建华:《论父亲在儿童性别角色发展过程中的影响》,《湖北理工学院学报》(人文社会科学版)2010年第1期。

18. 蒋立杰、王欣:《大学生自我概念与父母养育方式研究》,《中国心理卫生杂志》2001年第6期。

19. 金盛华:《自我概念及其发展》,《北京师范大学学报》(社会科学版)1996年第1期。

20. 景浩荣:《高校学生社团的本质及其教育价值》,《教育评论》2017年第2期。

21.〔美〕L.A.珀文:《人格科学》,周榕等译,华东师范大学出版社,2001。

22. 雷雳、张钦、侯志瑾:《学习不良初中生的父母教养方式及其自我概念》,《心理科学》2001年第2期。

23. 李存周:《廓庵禅师〈十牛图颂〉解读》,《岭南师范学院学报》2016年第4期。

24. 李丹等:《6~8岁儿童同伴互动及与父亲教养方式的关系》,《心理科学》2004年第4期。

25. 李冬莉:《儒家文化和性别偏好:一个分析框架》,《妇女研究论丛》2000 年第 4 期。

26. 李凤兰:《高校学生社团对大学生社会化影响的实证研究——对武汉地区四所部属高校的调查》,《华中农业大学学报》(社会科学版) 2008 年第 4 期。

27. 李清:《萨特存在主义人学思想探析》,天津师范大学硕士学位论文,2014。

28. 李同归等:《成人依恋与社会支持及主观幸福感的关系》,《中国临床康复》2006 年第 46 期。

29. 李同归等:《大学生依恋类型对心理健康的影响》,《中国心理卫生杂志》2008 年第 10 期。

30. 李悦、刘方英:《大学生家庭环境、乐观人格特质及应对方式关系调查》,《天中学刊》2013 年第 3 期。

31. 刘红红:《人本主义发展观的理论基础和内涵》,《广东商学院学报》2006 年第 6 期。

32. 刘建军:《认同感:如何让员工从认同到忠诚》,中国经济出版社,2010。

33. 刘金花主编《儿童发展心理学》,华东师范大学出版社,1997。

34. 刘萍、王振宏:《国外自我概念研究中的理论模型建构述评》,《西北师范大学学报》(社会科学版) 1997 年第 2 期。

35. 刘银、付泽:《中国传统文化自我与西方文化自我的比较研究》,《学理论》2009 年第 13 期。

36. 卢勤:《大学生性别角色与心理健康的相关研究》,《西南民族大学学报》(人文社科版) 2010 年第 4 期。

37. 〔美〕罗伯特·凯根:《发展的自我》,韦子木译,浙江教育出版社，1999。

38. 罗丽芳:《内部动机与外部动机的关系及其对学校教育的启示》，《宁波大学学报》(教育科学版) 2013 年第 1 期。

39. 罗秀珍:《维果斯基的理论要义及其教育启示》，《中国音乐教育》2003 年第 3 期。

40. 罗莹:《大学新生父母教养方式、分离——个体化和学校适应的关系及干预研究》，西南大学硕士学位论文，2014。

41.〔美〕M. B. Jerry:《人格心理学》，陈会昌译，中国轻工业出版社，2002。

42. 马道伟:《浅析依恋类型对大学生人际交往的影响》，《科教导刊(上旬刊)》2012 年第 15 期。

43. 聂幼犁:《历史课程与教学论》，浙江教育出版社，2003。

44. 欧阳丹:《教师期望、学业自我概念、学生感知教师支持行为与学业成绩之间的关系研究》，广西师范大学硕士学位论文，2005。

45. 潘朝霞、李玲:《大学生心理分离与学校适应——父母教养方式的调节作用》，《凯里学院学报》2013 年第 6 期。

46. 彭聃龄:《普通心理学》，北京师范大学出版社，2004。

47. 普济:《五灯会元(上)》，中华书局，1984。

48. 钱铭怡、夏国华:《青少年人格与父母养育方式的相关研究》，《中国心理卫生杂志》1996 年第 2 期。

49.〔美〕乔治·赫伯特·米德:《心灵、自我和社会》，霍桂桓译，译林出版社，2014。

50. 曲晓艳、甘怡群、沈秀琼:《青少年人格特点与父母教养方式的关系》，《中国临床心理学杂志》2005 年第 3 期。

51.〔瑞〕让·皮亚杰:《儿童的道德判断》，陆统先、陆有诠译，山东教育出版社，1984。

52. 尚新建：《美国世俗化的宗教与威廉·詹姆斯的彻底经验主义》，上海人民教育出版社，2002。

53. 申荷永：《荣格心理学的核心：体验自性与自性化过程》，2015。

54. 申荷永：《心灵与境界》，郑州大学出版社，2009。

55. 宋希仁等主编《伦理学大辞典》，吉林人民出版社，1989。

56. 孙元等：《朋辈群体对青少年偏差行为的影响》，《教育评论》2009年第4期。

57. 涂翠平、万晓义、刘钊：《家庭环境类型与青少年亲子冲突解决的关系》，《心理与行为研究》2008年第3期。

58. 王树青、宋尚桂：《大学生自我同一性与亲子依恋、因果取向之间的关系》，《心理与行为研究》2012年第1期。

59. 王小章：《社会心理学：从现代到后现代》，《浙江社会科学》1997年第2期。

60. 王中会、罗慧兰、张建新：《父母教养方式与青少年人格特点的关系》，《中国临床心理学杂志》2006年第3期。

61. 王宗篪、史秋衡：《试析大学生认知发展水平与教学的关系》，《辽宁高等教育研究》1994年第3期。

62.〔美〕维吉尼亚·萨提亚：《新家庭如何塑造人》，易春丽等译，世界图书出版公司北京公司，2006。

63. 吴煜辉、王桂平：《国外自我分化研究述评》，《医学与社会》2008年第1期。

64.〔奥地利〕西格蒙德·弗洛伊德：《自我与本我》，林尘等译，上海译文出版社，2011。

65. 郗浩丽：《温尼科特——儿童精神分析实践者》，广东教育出版社，

2012。

66. 谢军：《3—9 岁儿童自我控制能力的发展》，《心理发展与教育》1994 年第 4 期。

67. 谢威士：《传统谦虚观的内涵、变迁及社会功能》，《西昌学院学报》（社会科学版）2017 年第 1 期。

68. 徐朝华注《尔雅今注》，南开大学出版社，1987。

69. 徐汉明、盛晓春主编《家庭治疗——理论与实践》，人民卫生出版社，2010。

70. 徐慧、张建新、张梅玲：《家庭教养方式对儿童社会化发展影响的研究综述》，《心理科学》2008 年第 4 期。

71. 许钟元：《大学生心理分离与大学生适应性的实证研究》，《时代教育》2015 年第 11 期。

72. 杨伯峻：《论语译注》，中华书局，2006。

73. 叶浩生：《具身认知：认知心理学的新取向》，《心理科学进展》2010 年第 5 期。

74. 叶浩生：《罗洛梅与他的存在主义心理学》，《心理学探析》1987 年第 3 期。

75. 叶增编：《建构主义学习理论与行为主义、认知主义关键特征之比较》，《现代远程教育》2006 年第 3 期。

76. 易春丽、钱铭怡、章晓云：《Bowen 系统家庭的理论及治疗要点简介》，《中国心理卫生杂志》2004 年第 1 期。

77. 易法建：《道德场论》，湖南教育出版社，2001。

78. 余祖伟：《人格面具与心理防御机制探析》，《广西社会科学》2009 年第 6 期。

79. 俞大森：《大学生归属感初探》，《福建师大福清分校学报》2006 年第 1 期。

80. 张朝政:《中国文化与西方文化自我超越之比较》,《广西社会科学》2003 年第 8 期。

81. 张家军:《论学生同辈群体的作用及其实现机制》,《当代教育科学》2009 年第 11 期。

82. 张文新:《儿童社会性发展》,北京师范大学出版社,1999。

83. 张晓等:《家庭收入与儿童早期的社会能力:中介效应与调节效应》,《心理学报》2009 年第 7 期。

84. 张晓梅:《游戏中儿童的规则意识及自我控制能力培养》,《大庆师范学院学报》2011 年第 1 期。

85. 张一兵:《拉康:作为存在之尸的象征性语言》,《浙江学刊》2004 年第 6 期。

86. 章志光:《社会心理学(第三版)》,人民教育出版社,2015。

87. 赵爽孜:《与父亲的关系预言你对伴侣的选择?》,《半岛新生活》2008 年第 11 期。

88. 周爱保、夏瑞雪、李世峰:《人际自我边界:从文化的角度探讨中国人的自我》,《甘肃社会科学》2012 年第 1 期。

89. 周代许:《从人生三境界看地理教育》,《中学地理教学参考》2015 年第 7 期。

90. 周兰婷:《国内外关于同胞关系及其对儿童心理发展影响的研究》,《科教导刊(下旬)》2017 年第 3 期。

91. 朱晓芳、张志杰:《温度体验对时间知觉的影响——基于体验认知的解释》,《西南大学学报》(社会科学版)2011 年第 5 期。

92. C. C. Strange, "Student Development: The Evolution and Status of An Essential Idea," *Journal of College Student Development*, 1994, 35(6):

399-412.

93. C. Peterson, "The Future of Optimism," *American Psychologist*, 2000, 55（1）: 44-55.

94. D.W.Winnicott , "Ego Distortion in Terms of True and False Self . In Maturational Processes and the Facilitating Environment," *Hogarth and the Institute of Psycho-Analysis*, 1965: pp.140-152.

95. E.H.Erikson, *Identity: Youth and Crisis*（W. W. Norton, 1968）.

96. E. L. Deci, R. M. Ryan, *Intrinsic Motivation and Self-Determination in Human Behavior*（Springer US, 1985）.

97. E. L. Deci, R. M. Ryan, "The 'What' and 'Why' of Goal Pursuits: Human Needs and the Self-determination of Behavior," *Psychological Inquiry*, 2000（11）: 227-268.

98. G.Brody, Z. Stoneman, M.Burke , "Child Temperaments, Maternal Differential Behavior, and Sibling Relationships," *Developmental Psychology*, 1987, 23（3）: 354.

99. H. Markus, "Self-schemata and Processing Information about the Self," *Journal of Personality and Social Psychology*, 1977, 35（2）: 63-78.

100. J. E. Pizzolato, A.B.Olson, "Exploring the Relationship between the Three Dimensions of Self-Authorship," *Journal of College Student Development*, 2016, 57（4）: 411-427.

101. J. E. Pizzolato, C. C. Ozaki, "Moving toward Self-authorship: Investigating Outcomes of Learning Partnerships," *Journal of College Student Development*, 2007, 48（2）: 196-214.

102. J. E. Pizzolato,T. L. K. Nguyen, M.P. Johnston,et al., "Understanding

Context: Cultural, Relational, & Psychological Interactions in Self-authorship Development," *Journal of College Student Development*, 2012, 53（5）: 656-679.

103. J. G. Smetana, C. Daddis, "Domain‐Specific Antecedents of Parental Psychological Control and Monitoring: The Role of Parenting Beliefs and Practices," *Child Development*, 2002, 73（2）: 563-580.

104. J.M. Jenkins, J. W. Astington, "Cognitive Factors and Family Structure Associated with Theory of Mind Development in Young Children," *Developmental Psychology*, 1996, 32（1）: 70-78.

105. K.A.Jones, T.L.Kramer, T.Armitage, et al., "The Impact of Father Absence on Adolescent Separation-individuation," *Genetic Social & General Psychology Monographs*, 2003, 129（1）: 73-95.

106. K.M.Jodl, M.Bridges, J.E.Kim, et al., "Chapter Ⅷ. Relations Among Relationships: A Family Systems Perspective," *Monographs of the Society for Research in Child Development*, 1999, 64（4）: 150-183.

107. M. B. B. Magolda, "Making Their Own Way: Narratives for Transforming Higher Education to Promote Self-development," *Stylus*, 2010: 35-48.

108. M. B. B. Magolda, P. M. King, *Assessing Meaning Making and Self-Authorship: Theory, Research, and Application*（ASHE Higher Education Report）, 2012.

109. M. B. B. Magolda, P. M. King, "Special Issue: Assessing Meaning Making and Self-Authorship–Theory, Research, and Application," *Ashe Higher Education Report*, 2012, 38（3）: 1-138.

110. M. B. B. Magolda, "Three Elements of Self-Authorship," *Journal*

of College Student Development, 2008, 49（4）: 269-284.

111. M. E. Wilson, "Learning Partnerships: Theory and Models of Practice to Educate for Self-Authorship（review）," *Journal of College Student Development*, 2005, 46（4）: 453-456.

112. M. Morgan, "Theoretical Interpretations of Over-justification Effects," *Current Psychological Reviews*, 1982（2）: 213-229.

113. M. R. Gray, L. Steinberg, "Unpacking Authoritative Parenting: Reassessing a Multidimensional Construct," *Journal of Marriage & Family*, 1999, 61（3）: 574-587.

114. N. Bauminger, C. Kasari, "Loneliness and Friendship in High-Functioning Children with Autism," *Child Development*, 2000, 71（2）: 447-456.

115. P.Blos, "The Second Individuation Process of Adolescence," *Psychoanalytic Study of the Child*, 1967（22）: 162-186.

116. P.Minuchin, "Families and Individual Development: Provocations from the Field of Family Therapy," *Child Development*, 1985, 56（2）: 289-302.

117. P. M. King, B. Magolda,B. Marcia, "A Developmental Model of Intercultural Maturity," *Journal of College Student Development*, 2005, 46（6）: 571-592.

118. R. Eisenberger, J. Cameron, "Detrimental Effects of Reward: Reality or Myth," *American Psychologist*, 1996, 51（11）: 1153-1166.

119. R. E. Slavin, *Educational Psychology: Theory and Practice*（Allyn Bacon, 1994）.

120. R. J. Shavelson, J. J. Hubner, G. C. Stanton, "Self-concept:

Validation of Construct Interpretations," *Review of Educational Research*, 1976, 46（3）：407-441.

121. R. Kegan, *In over Our Heads*：*the Mental Demands of Mordern life*, Cambridge, Ma：Harward University Press, 1995.

122. R. R. Kobak, N. Sudler, W. Gamble, "Attachment and Depressive Symptoms during Adolescence：A Developmental Pathways Analysis," *Development and Psychopathology*, 1991, 3（4）：461-474.

123. S. L. Schneider, "In Search of Realistic Optimism：Meaning, Knowledge, and Warm Fuzziness," *American Psychologist*, 2001, 56（3）：250-263.

124. S. Murray, *Jung's Map of the Soul*：*An Introduction*（Carus Publishing Company, 1998）.

125. V. V. Ruchkin, M. Eisemann, R. A. Koposov, et al., "Family Functioning, Parental Rearing and Behavioural Problems in Delinquents," *Clinical Psychology & Psychotherapy*, 2000, 7（4）：310-319.

126. Z. Henderson, "Shyness Encyclopedia of Mental Health," *San Diego Academic Press*,（17）1998：62-71.

图书在版编目（CIP）数据

16位同学，谁能活出自我？/ 解启健著. -- 北京：
社会科学文献出版社，2024.3
（创新教育文库）
ISBN 978-7-5228-3282-1

Ⅰ. ①1… Ⅱ. ①解… Ⅲ. ①高等学校-学生-学校
管理-研究-苏州 Ⅳ. ①G645.5

中国国家版本馆CIP数据核字（2024）第036875号

· 创新教育文库 ·

16位同学，谁能活出自我？

著　　者 / 解启健

出 版 人 / 冀祥德
组稿编辑 / 任文武
责任编辑 / 郭　峰
责任印制 / 王京美

出　　版 / 社会科学文献出版社·城市和绿色发展分社（010）59367143
　　　　　　地址：北京市北三环中路甲29号院华龙大厦　邮编：100029
　　　　　　网址：www.ssap.com.cn
发　　行 / 社会科学文献出版社（010）59367028
印　　装 / 三河市龙林印务有限公司

规　　格 / 开　本：787mm×1092mm 1/16
　　　　　　印　张：17.25 字　数：229千字
版　　次 / 2024年3月第1版　2024年3月第1次印刷
书　　号 / ISBN 978-7-5228-3282-1
定　　价 / 118.00元

读者服务电话：4008918866